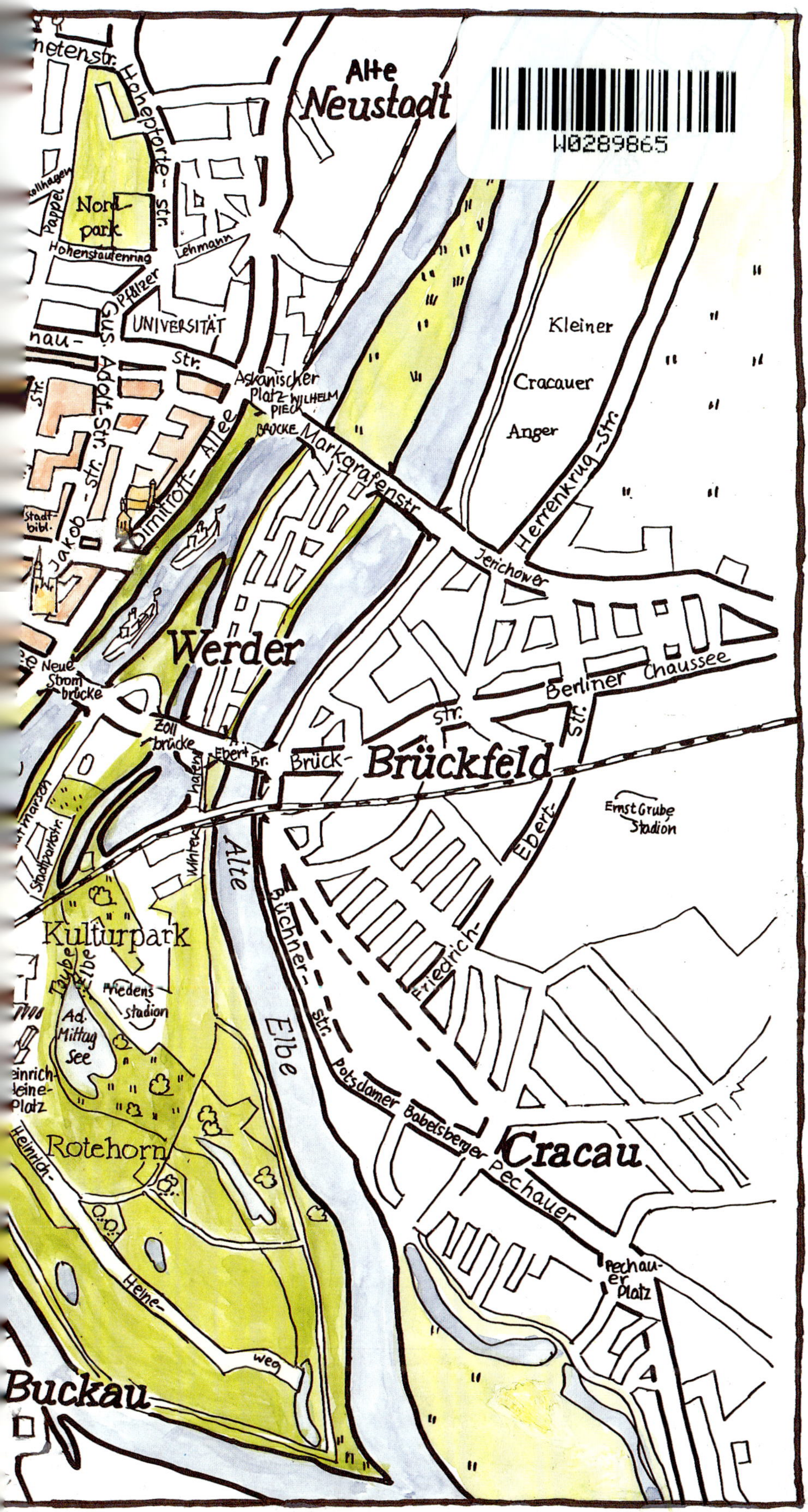
Alte Neustadt
Nordpark
Hoheptorte-str.
Hohenstaufenring
Lehmann
Pfälzer
UNIVERSITÄT
Gus. Adolf-Str.
Askanischer Platz
WILHELM PIECK BRÜCKE
Markgrafenstr.
Kleiner Cracauer Anger
Herrenkrug-Str.
Jerichower
Dimitroff-Allee
Jakob-str.
Stadtbibl.
Werder
Berliner Chaussee
Neue Strombrücke
Zollbrücke
Ebert Br.
Brück-Str.
Brückfeld
Ebert-Str.
Ernst Grube Stadion
Alte Elbe
Büchner-str.
Friedrich-
Kulturpark
Friedensstadion
Ad. Mittag See
Heinrich-Heine-Platz
Rotehorn
Heinrich-Heine-weg
Potsdamer
Babelsberger
Cracau
Pechauer
Pechauer Platz
Buckau

Magdeburg

Eine kulturvolle
Stadtführung
von Hans-Joachim Krenzke
mit Fotos von
Torsten Krüger und
Rüdiger Lubricht
im Atelier im Bauernhaus

Magdeburg – und vor den Türen der Stadt die Toscana

Für einen der fruchtbarsten Landstriche Deutschlands ist Magdeburg Namensgeber. Zuckerrüben und Weizen aus der Magdeburger Börde lassen Bauernherzen höher schlagen. Aber die Magdeburger Börde ist keineswegs nur bei Landwirten ein Favorit. Die sanftwellige, baumarme, von nahezu schwarzer Erde überzogene Tiefebene wird von Malern gern mit der TOSCANA verglichen.

Magdeburg – seit fast 1200 Jahren Zentrum Europas

Im Jahre 805 erkor Kaiser Karl der Große Magadoburg zum Handelsplatz mit den Ostvölkern aus. Hier, wo eine Furt den Elbstrom passierbar machte, kreuzten sich Land- wie Wasserwege. Reisende vermögen von Magdeburg aus noch heute in alle Richtungen der Windrose aufzubrechen. Im Land der Mitte ward Magdeburg alsbald zur Stadt der Mitte.

Magdeburg – wo die Wiege des Kaiserreiches stand

Vom Tiber an die Elbe reisten der Kardinaldiakon Johannes wie der Geheimschreiber Azzo. Sie suchten König Otto I. in seiner Pfalz zu Magdeburg auf, um ihn zur Kaiserkrönung nach Rom zu geleiten.
Am 2. Februar 962 traf der Magdeburger Hof nebst den Großen des Reiches in der Ewigen Stadt ein. In der Peterskirche wurde Otto I. gesalbt und von Papst Johannes XII. in den Kaiserstand erhoben. Das Heilige Römische Reich Deutscher Nation war geboren.

Magdeburg – hier hätte Schliemann seine Freude gehabt

Bei einem Bummel durch Magdeburg ist es keineswegs übertrieben zu sagen, daß man auf Schätzen herumginge. Infolge mehrfacher Zerstörung besitzen steinerne Zeugen selbst zwar Seltenheitswert. Unter der Erdoberfläche gibt es solche indes en masse. Bei jeder Tiefbauarbeit kommt deshalb Alt-Magdeburg mit zum Vorschein. Sogar die Fundamente der kaiserlichen Pfalz, der in Aachen ähnlich, wurden ausgegraben.

Magdeburg – 418 Stufen gen Himmel und die Stadt liegt einem zu Füßen

Für den Reisenden gibt es wohl nichts Schöneres, als von einem Turm auf die Plätze, Straßen und Bauwerke der Stadt zu blicken, die er kennenlernen möchte. Zusätzlich entschädigt der Fernblick, der sich von den Türmen des Magdeburger Domes bietet, für die Strapazen des Aufstiegs. Ist im Osten das Münchhausen-Schloß von Leitzkau zu schauen, so im Westen bei klarer Sicht der Harz mit dem sagenumwobenen Brocken, auf dem sich in der Walpurgisnacht die Hexen aus ganz Europa treffen.

Magdeburg – auf dem Breiten Weg pulsiert das Leben

Schon wird flaniert auf dem historischen Boulevard der Landeshauptstadt. Und der Abschnitt vor dem Hasselbachplatz präsentiert sich bereits mit Pariser Flair. Stühle wie Tische wandern hinaus auf das Trottoir. Die Gäste wollen sehen – und gesehen werden.

Magdeburg – gotisches Maßwerk contra monumentale Schlichtheit

Beim Bombenangriff vom 16. Januar 1945 sank Magdeburg, eine der schönsten Städte Deutschlands, abermals in Schutt und Asche. Die faszinierende Silhouette – geprägt von über dreißig Kirchtürmen – wurde diesmal nicht wieder aufgebaut. Nur wenig erinnert an den alten Glanz – mit Betonbauten wurden die Lücken geschlossen.

Magdeburg – ein Reiseziel bei Tag und Nacht

Mancher träumt davon, eine Nacht in Caracas, Montevideo oder Rio zu verleben. Mit einer Nacht in Magdeburg ist dies dennoch nicht zu vergleichen. Weshalb sonst ließen unsere Vorfahren ab April 1847 den ersten Nachtexpress Deutschlands zwischen Berlin und Magdeburg verkehren?

Magdeburgische
Gut informiert sein
ist keine Kunst

Geleitwort

Meine Freude über das Erscheinen dieses Buches möchte ich Ihnen, liebe Leserinnen und Leser, nicht vorenthalten.

Gerade das Stadtbild Magdeburgs ist bis heute geprägt von den Folgen des tödlichen Bombenangriffs am 16. Januar 1945. Achtzig Prozent des Zentrums der lebendigen, pulsierenden Großstadt lagen in Schutt und Asche. Darunter begraben viele bekannte und unbekannte Kunstwerke Magdeburgs, auf immer verloren.

Das geschäftliche und architektonische städtische Herz, der Breite Weg und die Jakobstraße, dem Erdboden gleichgemacht. Trostlosigkeit und Leere, wohin man am Ende des Krieges auch schaute.

Eine gewisse architektonische Leere prägt bis heute die Innenstadt Magdeburgs. Die in den 50er Jahren vollzogene weiträumige Neubebauung, kopiert von sowjetischen Städten, war kein Ausdruck einer neuen Großmütigkeit einer aufstrebenden Gesellschaft, sondern wohl eher ideologisch motiviert, die Traditionen der Stadt aus den Augen verlierend.

Die für eine Stadt so wichtigen Anknüpfungspunkte an ihre Geschichte sind rar geworden: der Dom, das Kloster Unser Lieben Frauen, Teile der Stadtmauer, die Lukasklause, die Stadthalle am Rotehorn-Park und das wiedererstehende Gesellschaftshaus am Herrenkrugpark.

Aber noch vieles andere an alter und neuer Kunst gilt es an den verschiedensten Stellen unserer Domstadt an der Elbe zu entdecken. Gehen wir gemeinsam auf diese Reise und lassen uns von den bekannten und unbekannten Schätzen aus der tausendjährigen Geschichte der Landeshauptstadt Sachsen-Anhalts überraschen.

Dr. Polte
Oberbürgermeister

Die folgenden Firmen haben durch ihr Sponsoring
zum Erscheinen dieses Buches beigetragen:
Hotel International
Die Volksstimme
Reynolds Tobacco / „Camel“
Gambrinus-Bar
und Herrenkrug

Chronik

Die Krone des Heiligen Römischen Reiches Deutscher Nation

805
Erste urkundliche Erwähnung von „Magadoburg" im Diedenhofener Kapitular. Kaiser Karl der Große sichert die Fischersiedlung an der Elbfurt durch Burganlage und bestimmt sie zum Handelsplatz mit den Slawen.

919
Unter König Heinrich I. wandelt sich Magdeburg zur festen Bastion. Von hier aus beherrscht er die Elblinie und unternimmt Vorstöße auf slawisches Gebiet.

929
Heinrich I. hält für seinen Sohn, Otto, bei König Eduard von England um die Hand Prinzessin Edithas an. Sie reist im Gefolge ihrer Schwester Elgisa und auserwählter Ritter rheinauf bis Köln. Im Herbst heiraten sie, höchstwahrscheinlich in Quedlinburg. Editha erhält Magdeburg als Morgengabe.

936
Krönung Otto I. zum König. Als Erbe übernimmt er nicht nur jene kostbare, mit Nägeln vom Kreuze Christi versehene Heilige Lanze, sondern das von seinem Vater geschaffene Reich und die Idee der elbübergreifenden Politik. Magdeburg, als Ausgangspunkt, erhält eine noch größere Bedeutung.

Darstellung des ersten Domes

937
Einberufung der Reichsversammlung, zu der zwei Erzbischöfe, acht Bischöfe und höchste weltliche Würdenträger anreisen. Mauritiuskloster an den Elbhängen wird gegründet; kostbare Reliquien übergeben.

946
Königin Editha stirbt am 26. Januar, möglicherweise in Magdeburg. Wird in der Krypta der Klosterkirche, die später zum Dom avanciert, beigesetzt.

951
Adelheid – Tochter des Königs Rudolf II. von Burgund – soll, nachdem ihr Mann, der Sohn des Königs von Italien, verstorben ist, erneut verheiratet werden. Sie weigert sich, wird eingesperrt, kann entfliehen und ruft Otto I. um Hilfe an. Dieser überquert die Alpen und heiratet die Königstochter in Pavia.

Unter dem Einfluß der hochgebildeten Adelheid wird Magdeburg zum Ort höchster Kunst und Kultur.

962
Kaiserkrönung von Otto I. und Adelheid in Rom am 2. Februar durch den Papst. Krönungszeremoniell ist gleichzeitig Geburtsstunde des Heiligen Römischen Reiches Deutscher Nation. Otto I. erwirbt päpstliche Zustimmung, Mauritiuskloster zum Ausgangspunkt eines Erzbistums zu machen. Christianisierung der Slawengebiete, die inzwischen erobert worden sind, soll mehr Gewicht beigemessen werden.

968
Otto I. begründet auf der Synode zu Ravenna Erzbistum Magdeburg. Kirche des Mauritiusklosters wird zum Dom erhoben. Weihnachten zieht der erste Erzbischof, Adalbert, in die Kathedrale ein.

972
Otto II. – 955 geboren, 961 zum König, 967 zum Kaiser gekrönt – heiratet die griechische Prinzessin Theophanu.

Otto II. und Theophanu als Kaiserpaar werden von Christus gesegnet. Diese Darstellung findet sich auf einer Elfenbeinplatte.

Hochzeitsurkunde Ottos II. und Theophanus

973
Kaiser Otto der Große stirbt am 7. Mai zu Memleben im Unstruttal. Im Beisein Kaiserin Adelheids wie des Thronfolgers wird Leichnam nach Magdeburg überführt und an der Seite Edithas beigesetzt.
Otto II. übernimmt Regierung. Hauptaktivitäten bleiben an Italien gebunden, wo er am 7. Dezember 983 stirbt und in der Peterskirche zu Rom beigesetzt wird.

983
Krönung des erst dreijährigen Sohnes, Otto III., zum König am 25. Dezember.

996
Otto III. in Rom zum Kaiser gekrönt. Ob seines umfangreichen Wissens, erhält er den Beinamen „Das Wunder der Welt“.

1015
Gründung des Klosters „Unser Lieben Frauen“ durch Erzbischof Gero.

1035
Infolge Privilegs des „Freien Geleits“ reisen einheimische wie fremde Kaufleute im bewaffneten Schutz von und nach Magdeburg. Pfalz entwickelt sich zur Messestadt.

1074
Während des Sachsenaufstandes besteht Gefahr, daß König Heinrich IV. Magdeburg angreift, da Erzbischof Aufständische unterstützt.

Der heilige Norbert

1126
Norbert aus Xanten mit erzbischöflichem Amt betraut. Er ist alsbald bei Geistlichen wie Bürgern wegen unnachgiebiger Strenge verhaßt.

1129
Handwerker, die sich in Zünften zusammengeschlossen haben, fordern immer massiver die der Kirche zustehenden Privilegien für sich.

1136
König Lothar III. erteilt Magdeburger Kaufleuten Privileg zur Zollfreiheit, wodurch die Stadt überregionale Bedeutung als Fernhandelsplatz erlangt. Handelsbeziehungen werden bis Nowgorod ausgebaut.

1188
Erzbischof Wichmann von Seeburg läßt „Magdeburger Stadtrecht" – wichtigste kommunale Rechtsform des Mittelalters – niederschreiben.
Fortan stehen Bürgermeister wie Bürgerrat der Stadt vor.

1192
Reliefplatte für Grab des Erzbischofs Wichmann entstanden. Zweite Bronzearbeit, die aus dem ottonischen Dom erhalten blieb und im heutigen Dom zu sehen ist. Eine weitere Bronzegußarbeit wurde jüngst bei Ausgrabungsarbeiten gefunden: eine löwenförmige Aquamanile (heute im Museum).

Erzbischof Wichmann

Walther von der Vogelweide verfaßt ein Domgedicht.

1199
Walther von der Vogelweide kommt im Gefolge Philipps von Schwaben in die Elbestadt.

1207
Großfeuer zu Karfreitag vernichtet auch den Dom.

1209
Erzbischof Albrecht II. gründet Dombauhütte und legt Grundstein für heutigen Dom.

1220
Eike von Repgow faßt das in den Bistümern Magdeburg und Halberstadt geltende Recht im „Sachsen-Spiegel" zusammen.

1230
Franziskanermönche schlagen in der Innenstadt ihr Domizil auf. Magdeburg wird Hochburg der Wissenschaften. Bartholomaeus de Grandvilla – neben Roger Bacon einer der Ahnherrn der Naturwissenschaften – kommt von Paris nach Magdeburg und vollendet neunzehnbändige Enzyklopädie.
Berthold von Regensburg wird sein Schüler.

1294
Magdeburg erstmalig urkundlich als Hansestadt erwähnt.

1307
Burchard III. gelangt auf den Stuhl des Erzbischofs. Er regiert selbstherrlich und tritt Bürgern mit unberechtigten Zoll- und Steuerforderungen, vielfach auch Erpressungen, die mit Verhaftungen enden, entgegen.

1309
Magdeburg wird Stapelrecht für Elbschiffahrt zugesprochen. Das gesamte Getreide der Börde ist einzig im Hafen der Stadt zu verschiffen. Alle Waren lagern zunächst drei Tage und müssen zuerst Magdeburger Kaufleuten angeboten werden.

Eike von Repgow schuf den Sachsenspiegel.

1314
Erzbischof Burchard III. ruft Markgrafen von Meißen, Herzog von Braunschweig und Grafen von Mansfeld herbei, um aufgebrachte Bürger zur Räson zu bringen.

1325
Bei neuerlichen Auseinandersetzungen wird Erzbischof Burchard III. am 21. September im Kellergewölbe des Rathauses erschlagen.

Das Kloster Unser Lieben Frauen

Reichsacht und päpstlicher Bann werden über Magdeburg verhängt.

1327
Um von der Strafe freizukommen, müssen fünf Sühnealtäre im Dom errichtet werden. Erzbischof Otto von Hessen – Urenkel der Heiligen Elisabeth – wendet sich an den Papst und erwirkt Freispruch Magdeburgs.

1363
Erzbischof Dietrich weiht am 22. Oktober den Dom.

1420
Junger hussitischer Geistlicher wegen Ketzerei angeklagt und dem Scheiterhaufen überantwortet.

Otto von Hessen

1450
Erneute Pest rafft 8000 Menschen dahin.

1487
Auseinandersetzungen zwischen Stadt und Erzbistum erreichen neuen Höhepunkt. Die Bürger, unterstützt von anderen Hansestädten, können Erzbischof Ernst zwar entscheidende Rechte abtrotzen, aber keineswegs die erzbischöfliche Oberhoheit brechen. Ihr Ziel – freie Reichsstadt zu werden – bleibt unerreicht.

1497
Martin Luther weilt vierzehnjährig als Kurrendeschüler in der Schule „Brüder vom gemeinsamen Leben". Unterhalt verdient er sich durch Singen und Betteln.

1513
Ernst von Sachsen wird als letzter Erzbischof im Dom in der für ihn eingerichteten „Kapelle unter den Türmen" beigesetzt. Grabmal stammt von Peter Vischer dem Älteren aus Nürnberg. Albrecht, erst dreiundzwanzigjährig, tritt Nachfolgeschaft an.

1517
Der Ablaßhändler, Johann Tetzel, weilt in der Stadt.

1520
Mit Vollendung der Domtürme findet über dreihundertjähriges Baugeschehen seinen Abschluß.

1524
Luther predigt vor Hunderten von Menschen im Augustinerkloster und in der Johanniskirche.
Der Protestantismus bringt Magdeburg neue kulturelle Blütezeit, aber wirtschaftliche Stagnation.
Unter Einfluß Luthers und Melanchthons wird erste Stadtschule gegründet – das Altstädtische Gymnasium.

Martin Luther, die „Wittenberg'sche Nachtigall", weilte mehrfach in Magdeburg. Als Kurrendeschüler zog er singend über den Breiten Weg.

Wie Magdeburg vor dem 10. Mai 1631 ausgesehen haben könnte, versucht das im Museum aufgebaute Modell zu rekonstruieren. Die Altstadt war ringsherum von einer hohen Mauer eingefaßt, diese wiederum von Wasserläufen – der Elbe wie speziell ausgehobenen Gräben. Nur durch stark gesicherte Tore, zu denen Zugbrücken führten, konnte die Festung betreten

werden. Auf der rechten Seite des Bildes ist das Sudenburger Tor zu erkennen. Wer es passieren durfte, konnte rechterhand zum Dom gelangen – oder geradeaus unmittelbar auf den Breiten Weg. Im Vordergrund sind die Doppeltürme von St. Sebastian zu sehen, links oben im Bild die des Klosters Unser Lieben Frauen.

1531
Am 27. Februar tritt Magdeburg als erste Stadt dem Schmalkaldischen Bund zum Schutze der Reformation bei.
Die Bürger sagen sich somit von Erzbischof und Domkapitel los.

1546
Probleme zwischen neuem und altem Glauben spitzen sich derart zu, daß die katholischen Domherren flüchten. Der Dom, dessen Altäre geschändet worden sind, wird geschlossen.

1547
Kaiser Karl V. verhängt Reichsacht über Magdeburg, das sich ihm nicht unterwirft. Nach wie vor weht das protestantische Banner auf den Zinnen.

1550/51
Magdeburg widersteht der kaiserlichen Belagerung und wird im ganzen Reich von den Protestanten als „Unseres Herrgotts Kanzlei" gerühmt.

1551
Zwischen Stadtvätern und Kurfürst Moritz kommt es zum Vergleich. Magdeburg wird Religionsfreiheit zugesichert.

1561
Erzbischof Sigismund tritt zum Protestantismus über, schafft katholischen Gottesdienst im Dom ab.

1562
Kaiser Ferdinand I. spricht Magdeburg von der Reichsacht los.

1567
Wiedereröffnung des Domes zum evangelischen Gottesdienst am 1. Advent. Berufung von Georg Rollenhagen ans Altstädtische Gymnasium.

1580
Georg Rollenhagen, zum Universalgelehrten gereift, steht mit Tycho Brahe – dem Astrologen des Kaisers Rudolf II. zu Prag – in Briefverbindung.

Georg Rollenhagen

1629
Wallenstein läßt die Stadt monatelang belagern. Sämtliche evangelische Güter sollen an katholische Kirche fallen. Katholischer Erzbischof eingesetzt, Mönche nehmen Kloster „Unser Lieben Frauen" und Kloster Berge wieder in Besitz.

1630
Christian Wilhelm von Brandenburg, Magdeburgs vorheriger evangelischer Erzbischof, schließt Bündnis mit dem Schwedenkönig Gustav Adolf.

1631
Ende März erstürmen „Pappenheimer" die der Festung vorgelagerten Verteidigungsschanzen.
Am 8. Mai stellt Generalissimus Tilly der Stadt ein Ultimatum. Noch während im Rathaus über Kapitulation nachgedacht wird, trifft am 10. Mai Nachricht ein, daß sich die Kaiserlichen seit 7 Uhr in der Stadt befinden. Feuer, sich rasend schnell ausbreitend, läßt Magdeburg, das zu dieser Zeit etwa 1900 Häuser und 180 Straßen wie Gassen besessen hat, in Schutt und Asche sinken. Nur 200 Häuser bleiben verschont. 20 000 von 30 000 Einwohnern finden den Tod. Die ungeheuerliche Vernichtung war ein Weltereignis ersten Ranges.

1632
Schwedische Truppen ziehen zu spät in Magdeburg ein.
Otto von Guericke erstellt im schwedischen Auftrag neuen Grundriß der Stadt.

Wallenstein belagert vergebens die Festung, muß unverrichteter Dinge weiterziehen.

Tilly, der Bezwinger Magdeburgs

Titelblatt des „Simplicissimus Teutsch"

Am 10. Mai 1631 wird Magdeburg von den kaiserlichen Truppen erobert.

1636
Ab April belagern neuerlich kaiserlich-sächsische Truppen die notdürftig geflickte Festung. Unter den Belagerern befindet sich Hans Jakob Christoffel von Grimmelshausen, der in seinem Buch „Der Abenteuerliche Simplicissimus Teutsch" die Magdeburg-Erlebnisse verarbeitet.

1646
Otto von Guericke – Bürgermeister bis 1676 – müht sich, Magdeburg in eine freie Reichsstadt zu verwandeln.

1654
Nachdem Otto von Guericke die Luftpumpe erfunden hat, steht seinem Experiment mit den „Magdeburger Halbkugeln" nichts mehr im Wege.

1681
Georg Philipp Telemann am 14. März geboren. Ab 10. Lebensjahr Schüler des Altstädtischen Gymnasiums.

1686
Ungefähr 2500 Hugenotten und Reformierte wandern ein. Tabak- und Seidenindustrie entwickeln sich dadurch. Magdeburger Strümpfe wie Hüte werden zum Begriff.

1695
Johann Friedrich Böttger – der Erfinder des Meißner Porzellans – wächst in Magdeburg heran.

1697
Zar Peter der Große übernachtet auf seiner Reise nach Holland vor dem Sudenburger Tor und besichtigt den Dom. Ehrensalut wird geschossen

Mit dem Experiment der „Magdeburger Halbkugeln" weist der Bürgermeister Otto von Guericke das Vakuum nach.

Georg Philipp Telemann

1702
Fürst Leopold von Dessau, der „Alte Dessauer", tritt im Januar das Amt als Gouverneur an. Baut zwischen 1715 und 1740 Magdeburg zur stärksten Festung Preußens aus.

1703
Doktor Johann Andreas Eisenbarth – Chirurg und Wundarzt – erwirbt das Haus „Zum Gülden Apfel".

Doktor Eisenbarth

1714
Königliche Regierung wie Konsistorium von Halle nach Magdeburg verlegt.

1756
Garnison nimmt am 22. August auf Breitem Weg Aufstellung, um in den Siebenjährigen Krieg zu ziehen.
Während dieser Zeit ist Magdeburg Insel des Friedens. Friedrich der Große läßt Familie, Staatsschatz und Archive von der Spree an die Elbe bringen. Hofhaltung gleicht der von Potsdam und Berlin.

1760
Gründung eines literarischen Freundeskreises, der Verbindung zu Gleim und Klopstock knüpft. Die „Litterarische Mittwochsgesellschaft" geht aus ihm hervor.

1761
Gründung der Freimaurerloge „le felicite".

Fürst Leopold von Dessau

1764
Erstes öffentliches Konzert unter Leitung des Organisten der Johanniskirche, Johann Heinrich Rolle. Giacomo Casanova besichtigt Magdeburger Festungsanlagen und nimmt am Fest der Freimaurer teil.

1793
Gründung einer Zeichenschule, aus der Kunstgewerbeschule hervorgeht.

1794
Nach Plänen des Architekten Erdmannsdorf erstes Magdeburger Schauspielhaus errichtet.

1805
Der Besuch von Königin Luise wird zum Ereignis. Zwei Jahre später erbittet sie von Napoleon für Magdeburg vergebens die Freiheit.

1806
Nach zweiwöchiger Belagerung durch französische Truppen, übergibt der Gouverneur, General von Kleist, die Festung kampflos an General Ney.

1807
Napoleon überantwortet per Dekret – entgegen persönlicher Bitte Königin Luises – Magdeburg dem neu gegründeten Königreich Westfalen. Als Regenten setzt er seinen Bruder Jérôme ein.
Während Wirtschaftsleben im allgemeinen zum Erliegen kommt, erlebt Zuckeranbau gewaltigen Aufschwung. Infolge Kontinentalsperre, ist Einfuhr von überseeischem Rohrzucker erschwert. Magdeburg avanciert zum Zentrum des Zuckerhandels.

1810
Auflösung des Evangelischen Domkapitels durch Reichsdeputationshauptschluß. Übernahme der Dombaulastverpflichtung durch den Staat.

1813
Napoleon inspiziert Elbfrontlinie. Von Dresden über Wittenberg und Torgau kommend, gelangt er am 12. Juli nach Magdeburg. Übernachtet in der Domdechanei. Besichtigt am folgenden Tag Stadt und Festung. Läßt „Schanze Napoleon" errichten.

1814
Die französisch-westfälischen Garnisonstruppen räumen erst am 23. Mai die Stadt, obwohl bereits am 25. April in Paris die Kapitulation erklärt worden ist. General Tauentzien hält mit preußischen und russischen Truppen Einzug.

1816
Magdeburg Hauptstadt der neu gegründeten Provinz Sachsen. Einwohnerzahl mehr als 20 000.

Napoleons Bruder Jérome

Die Elbestadt zu Zeiten der beginnenden Dampfschiffahrt.

1817
Unter August Wilhelm Francke – Oberbürgermeister bis 1848 – entwickelt sich Industrie, Schulwesen wie städtische Wasserversorgung. Er läßt Parks anlegen und gründet Verein für Musikfeste.

1834
Richard Wagner wird als Kapellmeister engagiert. Hohe Zeit mit Minna Planer.

1836
Hebt sich zum ersten Mal für eine Wagner-Oper der Theatervorhang. Da Titel „Liebesverbot" Polizei moralisch verwerflich erscheint, muß Oper in „Die Novize von Palermo" umbenannt werden. Es kommt einzig zur Uraufführung, da Bethmannsche Theatertruppe Konkurs anmeldet.

1837
Hamburg-Magdeburgische-Schiffahrts-Companie entsteht. Buckaus Maschinenfabrik, die „Alte Bude", baut Elbdampfer.
In rascher Folge entstehen weitere Unternehmen – Krupp-Gruson, Schäffer & Buddenberg, Polte. Produziert werden Maschinen zur Zuckerverarbeitung, zur Gewinnung von Braunkohle, Kali wie Salz.

1840
Eisenbahnlinien nach Leipzig, Braunschweig, Halberstadt, Potsdam, Wittenberge entstehen. Magdeburg wird in den vierziger Jahren zur „Stadt der Mitte".

1851
Carl Gustav Hasselbach – Oberbürgermeister bis 1881 – kauft dem Militär Gelände ab. Neue Wohnviertel entstehen. Magdeburg entwickelt sich zur Großstadt. Gaslaternen erhellen Straßen, Pferdestraßenbahnen verbinden Altstadt mit Vorstädten, Kanalisation wird ausgebaut.

Richard Wagner

1870
Infolge Stadterweiterung entstehen neue Straßenzüge mit Häusern im Gründerzeitstil. 1873 Grundsteinlegung für Stadttheater; 1876 vollendet – bietet 1300 Besuchern Platz. 1882 Bau des Hauptbahnhofes. 1895 Bau der Hauptpost.

1886
Magdeburg größter Umschlagplatz an der Mittelelbe.

1891
Gertrud Bäumer Lehrerin an Mädchenschule in der Neustadt. 1936 erscheint ihr Magdeburg-Roman „Adelheid, Mutter der Königreiche".

1900
Vorstädte – Neustadt, Sudenburg, Buckau – eingemeindet. Magdeburg zählt nunmehr 229 667 Einwohner.

1905
Erster Spatenstich für Mittellandkanal – 326 Kilometer lang.

1908
Flugpionier Hans Grade hebt mit seiner „Libelle" vom Cracauer Anger zum ersten deutschen Motorflug ab.

1916
Erste Expressionistenausstellung, organisiert von den Schwestern Katharina und Annemarie Heise, Alfred John und Franz Jan Bartels.

1918
Kurt Pinthus, gewählter Vertreter des Obersten Soldatenrates des IV. Armeekorps, hält vom Balkon des Regierungsgebäudes Rede „Für die Republik". „Die Kugel" durch Franz Jan Bartels, Bruno Beye und Robert Seitz gegründet. H.H. Stuckenschmidt gehört zum Freundeskreis, gibt das Blatt „Wir aber" heraus.

Kurth Pinthus, der Herausgeber der zur Legende gewordenen expressionistischen Lyrikanthologie „Menschheitsdämmerung"

1919
Hermann Beims – Oberbürgermeister bis 1931 – fördert Gesundheitswesen, Wohnungsbau, Sozialpolitik, Kultur.

Zugang zur „Deutschen Theaterausstellung"

1921
Der Architekt Bruno Taut wird Mitglied des Ratskollegiums. Da Geld zur Ausführung seiner Bauideen fehlt, verwandelt er graue Hausfassaden in Farbsinfonien.

1927
Mit der Stadthalle ist modernstes Bauwerk Deutschlands errichtet. Vom 14. Mai bis 2. Oktober findet die „Deutsche Theaterausstellung" statt. Wird zum europäischen Ereignis. Neben eigentlichem künstlerischen Programm werden 207 Tagungen wie Kongresse abgehalten. Zum Abschluß erklingt Gustav Mahlers „Sinfonie der Tausend".

1931
Als Nachfolger für Hermann Beims wird Ernst Reuter am 15. Mai in das Amt des Oberbürgermeisters eingeführt. Seine Amtszeit sollte zwölf Jahre betragen, doch nach 1933 folgten für ihn KZ und Emigration.

1933
Loge „Ferdinand zur Glückseligkeit" muß schließen. SS beschlagnahmt Bibliothek und Archiv.

1934
Ehrenmal für Gefallene des Ersten Weltkrieges – 1929 von Ernst Barlach geschaffen – wird aus dem Dom verbannt.

Bruno Taut, der „Farbapostel" und „Glasarchitekt"

1938
In der „Reichskristallnacht" wird Synagoge – Grundsteinlegung 1850 – demoliert. Der jüdische Teil der Bevölkerung ist Verfolgungen ausgesetzt.

1945
Da führende Rüstungsindustrie in Magdeburg ansässig ist, wird die Stadt zum Angriffsziel der alliierten Luftwaffe. Bombardement vom 16. Januar zerstört die Stadt zu 80 Prozent. Sprengung der Elbbrücken am 16. April. Einnahme der Stadt durch amerikanische Truppen am 18. April. Übergabe der Stadt an sowjetische Armee am 1. Juli.

1946
Architekten-Wettbewerb zum Wiederaufbau der Innenstadt.

1950
Mit dem „Aufbaugesetz" beginnt Wiederaufbau im stalinistischen Sinne.

Ulbricht persönlich leitet die dritte Zerstörung der Stadt ein, der u.a. Stadttheater, Heiliggeistkirche, Französische Kirche, Jakobi-Kirche, Sankt-Ulrich und Sankt-Katharina zum Opfer fallen.

1952
Länderstruktur aufgelöst. Magdeburg zur Hauptstadt des gleichlautenden Bezirkes erklärt.

1953
Magdeburger Bürger erheben sich am 17. Juni gegen stalinistisches Diktat. Hochschule für Schwermaschinenbau gegründet – heute Technische Universität „Otto von Guericke".

1963
Schließung der Kunstgewerbeschule.

1970
Stadtautobahn trotz Protestes der Bevölkerung durch das Glacis geführt.

1974
Elbuferpromenade eingeweiht.
Kloster „Unser Lieben Frauen" als kulturelles Zentrum eröffnet.

Die Innenstadt kurz vor dem Wiederaufbau

Foto unten:
Auf dem Domplatz stellen sich ab Herbst 1989 die neuen politischen Kräfte vor.

1989
Im September beginnen Montagsgebete für gesellschaftliche Erneuerung im Dom.
Ab 7. Oktober ist die Stadt voller Militär. Zwei Tage später hält auch Magdeburg den Atem an, ob Schießbefehl ausgeführt wird.
Am ersten grenzoffenen Tag, dem 10. November, ist Magdeburg nahezu menschenleer.

1990
Magdeburg Hauptstadt des Landes Sachsen-Anhalt.

1991
Kuratorium für Wiederaufbau Johanniskirche ins Leben gerufen.

Hier können Sie die Geschichte der Stadt selber fortsetzen:

Stadtspaziergang

A Vor den Domtürmen

Der im Jahre 955 von Kaiser Otto I. begründete Dom brannte bei einem Großfeuer am 20. April 1207 nieder. Damit sank eines der bedeutenden Kunstwerke des Abendlandes in Schutt und Asche. Denn Otto I. hatte Edelsteine, Gold und marmorne Säulen aus Italien mitgebracht, um der Kathedrale seines Erzbistums entsprechenden Glanz zu verleihen. Besonders reich wurde der ottonische Dom mit kostbaren Reliquien – darunter die „Heilige Lanze" – ausgestattet.

Albrecht II., Erzbischof von 1205 bis 1232, hatte in Frankreich studiert und dort die neuen Kathedralen gesehen. Er beschloß, in Magdeburg, an den Hängen der Elbe, einen Dom schöner denn je errichten zu lassen. Dieser sollte größer werden als der Vorgängerbau. Und insbesondere die bewußte Verschiebung der Achse dokumentiert die Souveränität Albrechts.

Im Jahre 1209 wurde in Anwesenheit zweier päpstlicher Gesandter und vieler Bischöfe der Grundstein gelegt. Dreihundertelf Jahre zogen ins Land, bis die Arbeiten am Bauwerk beendet werden konnten. Am Türsturz des Nordturmes – in fast 100 Meter Höhe – verewigten die Steinmetze dieses Ereignis mit der Jahreszahl 1520.

Blick auf das Hauptportal des Domes. Zwischen den beiden Türen: Kaiser Otto der Große.

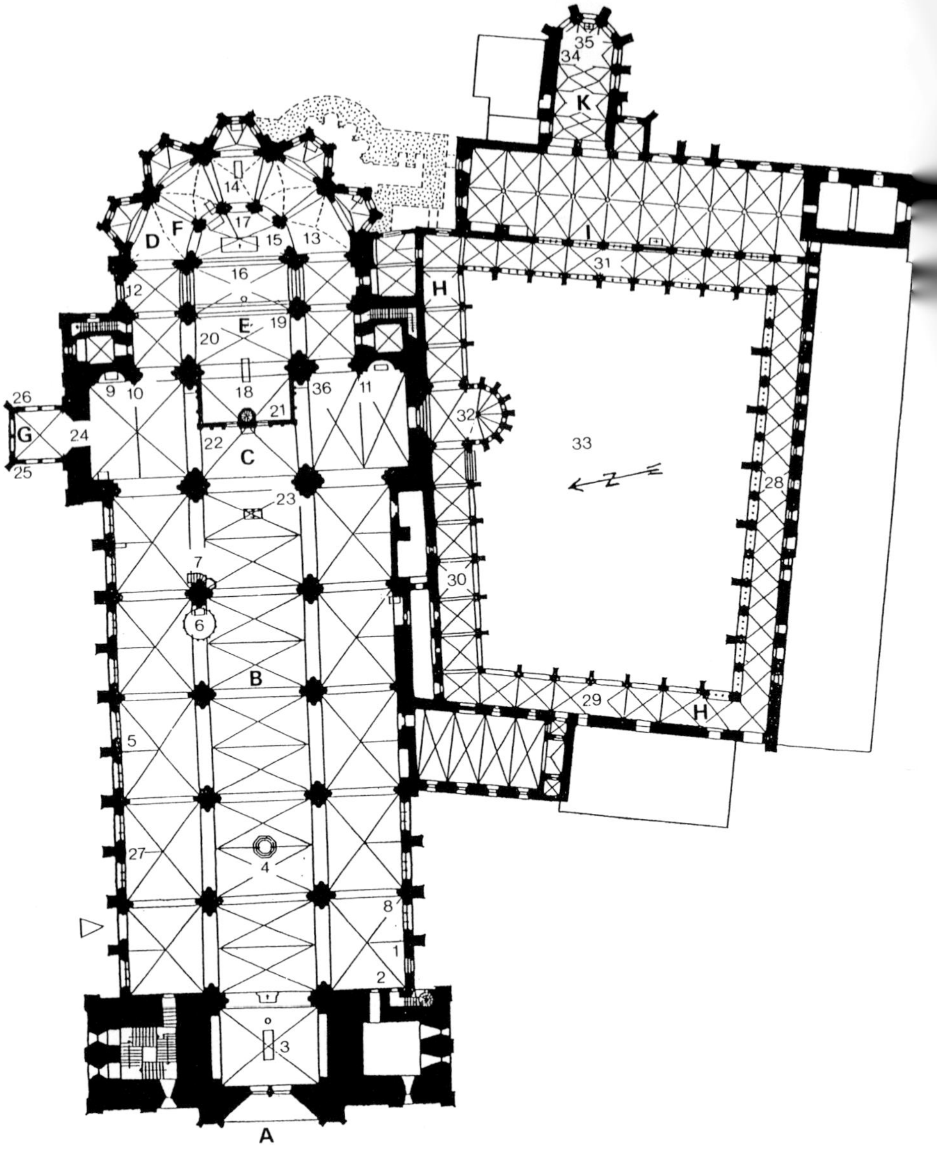

Dom-Legende

1 Grabstein des Dompredigers Bake
2 Büste des Rektors der Domschule Funk
3 Ernstkapelle
4 Taufstein
5 Heilige Sippe
6 Heilig-Grab-Kapelle
7 Kanzel
8 Mandelsloh-Epitaph
9 Ernst-Barlach-Ehrenmal
10 Marienfigur
11 Wundertätige Maria
12 Grabplatte Erzbischof Friedrich von Wettin
13 Grabplatte Erzbischof Wichmann v. Seeburg
14 Tumba der Königin Editha
15 Antike Säulen und Heiligenfiguren
16 Hochaltar
17 Kruzifix
18 Grabmal Otto I.
19 Heiliger Mauritius
20 Heilige Katharina
21 Chorgestühl
22 Lettner
23 Baumeister Bonensack
24 Kluge und Törichte Jungfrauen
25 Synagoge
26 Ecclesia
27 Paradiestüren
28 Kreuzgang Südflügel
29 Kreuzgang Westflügel
30 Kreuzgang Nordflügel
31 Kreuzgang Ostflügel
32 Tonsur
33 Innenhof
34 Seligpreisungen, roman.
35 Elisabethaltar
36 Erzbischof Otto

A Vor den Domtürmen
B Langhaus
C Querschiff
D Chorumgang
E Chor
F Bischofsgang
G Jungfrauenportal
H Kreuzgang
I Remter
K Marienkapelle

Blick vom Bischofsgang in das Langhaus

B Langhaus

Stellen die Türme des Domes das allbekannte Wahrzeichen Magdeburgs dar, wirkt das Gesamtbauensemble wie ein unwiderstehlicher Magnet.

Kaum hat der Besucher den lichthellen, von hohen gotischen Fenstern umschlossenen Innenraum – Länge 120 m, Breite 37 m, Gewölbehöhe 32 m – betreten, ist er nicht nur konfrontiert mit der Geschichte einer altehrwürdigen Stadt, vielmehr der des gesamten Abendlandes, ja sogar mit den Einflüssen des Morgenlandes. Und wer gelernt hat, die Sprache der Steine zu entschlüsseln, wird Vielerlei erfahren.

So kann der im südlichen Seitenschiff aufgerichtete Grabstein des Dompredigers Dr. Reinhard Bake (1) heute nicht nur über jene verhängnis-

Domprediger Reinhard Bake

vollen Maitage des Jahres 1631 Auskunft geben, in denen eine der schönsten Städte Europas in Schutt und Asche sank, sondern ebenso über jene Herbsttage des Jahres 1989, wo im Dom um die Erneuerung der Gesellschaft gebetet wurde und aus ihm heraus die gewaltfreien Demonstrationen durch die Innenstadt ihren Ausgang nahmen.

Am 12. Mai 1631 – zwei Tage nach der Eroberung – war Bake vor General Tilly in die Knie gesunken, als jener den Befehl erteilen wollte, den noch immer verschlossenen Dom, den letzten unversehrten Ort in Magdeburg, zu stürmen. Und der Gottesmann sprach den siegreichen Eroberer mit einem wenig veränderten Zitat Vergils an: Venit summa dies, et ineluctabile fatum Magd'burgo: fuimus Troés, fuit Ilium et ingens Gloria Parthenopes!

Reformpädagoge G.B. Funk

Tilly fühlte sich von dem Vergleich Magdeburgs mit der Zerstörungs Trojas so erhoben, daß er nicht nur die 4000 Menschen, die im Dom letzten Schutz gefunden hatten, schonte, sondern das weitere Plündern und Morden in der Stadt beenden ließ.

Als am 9. Oktober 1989 wiederum Tausende im Dom zusammenströmten, war der Gedächtnisstein des Dompredigers Bake zugegen, als seine Nachfolger im Amt, Waltraut Zachhuber und Giselher Quast, die Stimmen erhoben und zur Gewaltlosigkeit ermahnten. Auch in den Abendstunden dieses Tages wußte niemand, was geschehen würde, denn 6000 Mann Sicherheitskräfte hatten das Gotteshaus umstellt. Aber der Mut von 4500 gewaltlosen Menschen leitete an diesem Abend die Wende ein – ohne Blutvergießen.

Ein weitaus jüngerer Stein berichtet von Gottfried Benedikt Funk (2). Dieser Reformpädagoge, Dichter und Freund Klopstocks, war im Jahre 1772 zum Rektor der Domschule gewählt worden. Unter seiner Leitung fand am 11. März 1789 die erste Abiturprüfung am nunmehrigen Domgymnasium statt. Die Schüler wollten ihm, der 1814 verstorben war, ein Denkmal setzen und beauftragten Christian Daniel Rauch, eine Porträtplastik aus Carraramarmor zu fertigen.

Die Ernstkapelle (3) befindet sich hinter dem 1498 geschaffenen Gitter. Diese Schmiedearbeit ist derart perfekt, daß laut Sage der Teufel die Finger mit im Spiel hatte.

Ernst von Sachsen war der letzte Erzbischof, der im Dom beigesetzt wurde. Seinen prächtigen Sarkophag schuf Peter Vischer der Ältere aus Nürnberg.

Weit zurück in die Geschichte versetzt den Besucher der aus Rosenporphyr geschlagene und polierte Taufstein (4). Es heißt, Kaiser Otto I. habe die große, achteckige Schale aus Ravenna an die Elbe bringen lassen. Seither hält sich die Mär, daß besagtes Taufbecken aus einer Säule des Salomonischen Tempels gefertigt worden sei.

Ein Meisterwerk der Hochgotik verkörpert die „Heilige Sippe“ (5) im Nordseitenschiff. Die Magdeburger Version stammt aus dem Jahre 1520. Die Köpfe haben starke Ähnlichkeit mit Arbeiten Riemenschneiders.

Das „Herrscherpaar" aus der Zeit Friedrich II. Bild unten: Die „Heilige Sippe"

Die sechzehneckige Heilig-Grab-Kapelle (6) wirkt wie eine große Schatulle, die einen besonderen Schatz birgt. Unter ihrem kegelförmigen Dach thront ein von Geheimnissen umgebenes Herrscherpaar. Die Haltung beider ist würdevoll und majestätisch. Hält die Frau ein aufgeschlagenes Buch in der Hand, als Symbol der Weisheit, präsentiert der Mann eine Schale mit neunzehn Kugeln. Mehrere Deutungsversuche gibt es zu ihnen. Haben die Magdeburger ihr gekröntes Paar, das wohl Mitte des 13. Jh. entstanden ist, immer als Otto I. und Editha angesehen, so glaubt die Kunstforschung heute, in diesem Paar Christus und seine Kirche zu erkennen.

Die Kanzel (7) wurde ab 1595 in nur zwei Jahren von Christoph Kapup aus Alabaster geschaffen. Dies, als der Gottesdienst nach der Reformation aus dem Hohen Chor ins Hauptschiff verlagert wurde. Kapup hatte sich bereits 1592 mit dem Mandelsloh-Epitaph (8) als exzellenter Meister seines Fachs ausgewiesen. Er beherrschte die Formensprache der italienisch-niederländischen Renaissance.

Das Ehrenmal Ernst Barlachs wurde 1929 aufgestellt, 1934 wieder entfernt und 1955 an seinen angestammten Platz zurückgebracht.

C Querschiff

Ein Zeugnis der Bildhauerkunst unseres Jahrhunderts ist das aus Eichenholz geschnittene Ehrenmal für die Gefallenen des 1. Weltkrieges von Ernst Barlach (9). Dieses bedeutende Werk der Weltkunst, das sein Schöpfer zum Antidenkmal erhob, mit dem er sich gegen jeden militärischen Heroismus wandte, wurde 1929 aufgestellt, doch 1934 bereits wieder, als Beispiel „Entarteter Kunst", entfernt. Glücklicherweise wurde die Plastik nur ausgelagert, nicht vernichtet, so daß sie 1955 den angestammten, von Barlach selbst auserwählten Platz wieder einnehmen konnte. Von hier aus nahmen die Friedensgebete ihren Ausgangspunkt.

Wie, um den Kontrast der Stilepochen hervorzuheben, steht neben dem Barlachwerk eine Marienfigur aus Marmor (10). Jene mittelalterliche Plastik, nach Vorbildern des Reimser Domes geschaffen, war einst eine Säule, die Otto der Große aus Italien nach Magdeburg gebracht hatte. So stehen sich in der Nische vor der Pforte zum Paradies Antike, Mittelalter und Neuzeit unmittelbar gegenüber.

Die Marienplastik wurde auf einen Löwen und einen Basilisken, ein Fabeltier mit todbringendem Blick, gestellt. Der tabernakelähnliche Rahmen könnte vom ersten geplanten Lettner herstammen.

Vor dem gegenüberliegenden Zugang zum Chorumgang ist gleichfalls eine Maria (11) zu sehen. Bei dieser „schwarzen" Madonna handelt es sich um eine mater miraculosa – eine als wundertätig verehrte Maria. Mit dem exemplarischen Faltenwurf ihres von Spitzen umfaßten Gewandes, verkörpert sie ein wahrhaftes Musterbeispiel der Hochgotik. Geschaffen wurde sie aus Sandstein um 1280. Ihre Bemalung wurde im 19. Jh. erneuert.

Diese „schwarze" Madonna wurde als wundertätig verehrt

Maria stehend auf einem Löwen und einem Basilisken.

In alten Zeiten war das Betreten des Chorbereiches für Laien – also für Nichtgeistliche – unstatthaft. Um so bewußter sollte ein jeder dieses architektonische Mirakel durchschreiten.

Blick vom Chor hinauf zum Bischofsgang.

Das Grabmal der Königin Editha

D Chorumgang

Der Chorumgang ist der älteste Bereich des Domes. Da die Zeit des Baubeginns eine unruhevolle war, gingen die Arbeiten im ersten Jahrzehnt nur schleppend voran. Erst nachdem Papst Honorius III. und insbesondere der ihm nachfolgende Papst Gregor IX., der 1209 als Gesandter Roms bei der Grundsteinlegung zugegen war, Ablaßprivilegien für den Magdeburger Dom erteilt hatten, konnte Erzbischof Albrecht II. den Bau ab 1218 wesentlich vorantreiben. In seinem Todesjahr 1232 war der Chorumgang nebst Chor im Untergeschoß fertiggestellt. Auch das Querschiff – 42,50 m lang, 11,80 m breit – war weit gediehen, denn das große Südportal, durch das der Kreuzgang betreten werden kann, stammt ebenfalls aus Albrechts Amtszeit.

Ein beredtes Zeugnis aus der Entstehungszeit des Chorumganges stellen die herrlichen spätromanischen Kapitelle dar. Zu sehen sind Menschen, Fabelwesen, Tiere wie Pflanzen. Neben Maria mit dem Erzengel Gabriel und einem gekrönten Paar, posieren Pelikan, Phönix, Wolf, Elefant, Löwen und Ungeheuer, sowie Pflanzen in phantastischen Verschlingungen. Jahrhundertelang blieben diese Darstellungen ungedeutet, bis sie vor einigen Jahren als Darstellung der Danielsgeschichte aus dem Alten Testament gedeutet wurden.

Als Novum zwischen all diesen Kleinplastiken reckt sich eine Frau dem Betrachter entgegen, die bar jeden Kleidungsstückes ist.

Nackte Frau ziert Kapitell

Noch aus dem ottonischen Dom stammen die beiden bronzenen Grabplatten der Erzbischöfe Friedrich von Wettin († 1152)(12) und Wichmann von Seeburg († 1192)(13). Auf dem Gewand des Ersteren befindet sich u.a. die möglicherweise einzig erhalten gebliebene Darstellung der 1207 abgebrannten Kathedrale. Unterhalb des Bischofsstabes hebt sich, entgegen der starren Körperhaltung des Erzbischofs, die Figur des antiken Dornenausziehers recht lebendig ab.

Die zweite Grabplatte erinnert in der Gestalt Wichmanns auch an das bedeutende Magdeburger Stadtrecht, das er 1188 stiftete und das in ganz Europa – bis hin nach Kiew – Verbreitung fand.

Grabplatte des Erzbischofs Friedrich von Wettin

Erzbischof Wichmann von Seeburg

Vor der mittleren der fünf Kapellen, die den Chorumgang säumen, steht die Tumba der am 26. Januar 946 verstorbenen Königin Editha (14), geschaffen aus Sandstein an der Scheidemarke des 15. zum 16. Jh. Auf der Deckplatte der Tumba ist Editha, umschlossen von spätgotischem Astwerk, dargestellt. In ihrer rechten Hand hält sie einen Rosenkranz, den sie gegen den Busen drückt. Obwohl ihre Füße fest auftreten, ist ihr Kopf auf ein Kissen gebettet. Die Königin schwebt zwischen den Welten des Lebens und des Todes. Die Seitenwände werden von den Heiligen Hedwig, Elisabeth, Kunigunde wie Adelheid; die Ecken von Mauritius, Katharina, Maria und Anna geziert. Zwei Engel halten das Wappen des Erzbistums mit dem Doppeladler.

Die Krypta des ottonischen Domes

Die Krypta des ottonischen Domes wurde bei Ausgrabungsarbeiten 1926 entdeckt. Diese wurde im Jahre 1008 durch Erzbischof Tagino geweiht und befindet sich unmittelbar unterhalb der mittleren Kapelle des Chorumganges. In ihr wurde das Kaiserpaar, Otto I. und Editha, ursprünglich beigesetzt.

Grabplatte Eggelas, der Mutter des heiligen Anno

Direkt gegenüber der Tumba Königin Edithas, an der Außenwand zum Hochaltar, befindet sich die Fußplatte des sich unter dem Chorraum eingelassenen Steinsarges der Frau Eggela. Sie lebte zu Zeiten Heinrich IV. und gebar acht Kinder, von denen einige Einzug in die Annalen deutscher Geschichte hielten. So ihr Sohn Anno, Erzbischof zu Köln, der im Jahre 1062 den noch minderjährigen König Heinrich IV. von einer Insel im Rhein entführte. Vom „Handstreich zu Kaiserwerth" sprechen die Chronisten. Im Jahre 1183 wurde Anno heilig gesprochen. Eggelas zweiter Sohn, Werner, wirkte ab 1063 als Erzbischof zu Magdeburg, wurde allerdings nach fünfzehnjähriger Amtszeit, in den Wirren des Investiturstreites, erschlagen.

Dornenauszieher an der Grabplatte Erzbischof Friedrichs

Als Walther dieses Lied der versammelten Hofgesellschaft vortrug, von seinem Knappen Dietrich auf der Kniegeige voller Inbrunst begleitet, herrschte Stille – wie selten in einem Rittersaale. Nicht ein Sporenpaar klirrte. Kaum hatte der Poet geendigt, schon sprang Philipp auf und rief: „Auf – nach Magdeburg. Vor der Grabstatt Otto des Großen, dem Begründer des Heiligen Römischen Reiches Deutscher Nation, will ich mich der Welt zeigen. Dann muß sie doch glauben, daß ich, Philipp, der einzige rechtmäßige König bin."

Damit fand für Walther die Zeit des „pfauen" ihr Ende, als ihm „der kopf bis zu den knien herniederhing". Von Stund an konnte er sich wieder nach seinem „werte recken". Aber trockener Lorbeer bricht schneller, als man sich versieht. Walther indes war sich darüber im klaren. Er wußte, daß sein neuer Brotherr, jetzt, da sein Hofstaat unter Posaunen- und Hörnerklang in die Feste Magdeburg Einzug hielt, ein neues, treffliches Lied erwartete. Dieses mußte dem Ohr des Königs schmeicheln und gleichermaßen ein Triumpfschrei sein im Kampf um die Macht im brüchigen Lande.

Walther ging in den Dom, bestaunte die Schätze, die Reliquien, die Kaiser Otto hier angehäuft hatte. Vor dessen letzter Ruhestatt wie der Edithas, Ottos erster Frau, beugte der Sänger ehrfurchtsvoll das Knie. Galt Otto I. unter den Fahrenden Rittern doch als Vater des Minnesangs. Bereits die sagenumwobene Hrotsvit von Gandersheim hatte ihn um das Jahr 970 in fünfhundert Hexametern gepriesen.

Der Prozessionszug setzte sich zur genau vorbestimmten Stunde auf die Pforte des Domes zu in Marsch. Voran trug Herzog Bernhard von Sachsen das prächtige Reichsschwert. Ihm folgte, mit angemessenem Abstand, Philipp. Dann Irene, seine Frau. Sie war die bildschöne Tochter des griechischen Kaisers Isaak Angelo. Dieser hatte bei der Hochzeit Philipp zum Erben seines Reiches eingesetzt. An der Seite der Königin schritten die Herzogin von Sachsen, die Äbtissin von Quedlinburg und weitere „hohe frauen". Gar mancher von ihnen hatte Walther ein Liedchen verehrt.

Ihm fiel zu Irene auch sogleich ein weiterer Vers ein: „und seine hochgeborene königin schritt ihm nach / o rose dornenlos, o taube . . ." Bei ihrem Gemahl erwies sich das Dichten als schwieriger. Walther grübelte: Wenn er Philipp nun als den Höchsten der Hohen darstellen würde? Er war von seiner Idee entzückt, ließ sie ein brisantes Wortspiel zu. Denn Philipp war ja nicht bloß König schlechterdings, sondern gleichermaßen der Sohn des Kaisers Friedrich I., des berühmten Barbarossa, und ebenso der Bruder vom jüngst gefallenen Kaiser Heinrich VI. Dies ergab, alles in allem, die Zahl *Drei.* Und das wiederum konnte bedeuten, packte man es nur geschickt genug an: Trinität. Dreifaltigkeit. Wer, in der alten Welt, konnte sich etwas Erhabeneres vorstellen? Das mußte Philipp behagen. Und schon formulierte Walther: „zu magdeburg ging philipp, zweifelsohne / schritt da ein könig, kaiserbruder, kaiserkind / in einem rock, wenngleich es doch drei namen sind / er trug das szepter und des reiches krone".

Vom anschließenden Fest und dem herrlichen trockenen Wein, der auf den Hängen des Klosters Unser Lieben Frauen zu Magdeburg gereift war, ein wenig berauscht, legte sich der Sänger auf sein klammes Lager. Er kam indes nicht zur Ruhe, wieder und wieder mußte er an den zurückliegenden Sommer denken, an die wund geküßten Lippen. Versonnen sang er: „herzliebes fräulein du . . . da ich dir ganz ergeben bin / gilt mir dein fingerring von glas / mehr als das gold der königin – tandaradei, tandaradei."

Auszug aus Hans-Joachim Krenzke,
Königskrone und Tandaradei

Magdeburger Geschichten · 80 Seiten · illustriert von Karl-Heinz Arlt · DM 16,80
ISBN 3-88 132 088-1
Verlag Atelier im Bauernhaus
2802 Fischerhude

Sechs Heiligenfiguren in . . .

. . . Lebensgröße zieren den . . .

. . . äußeren Bischofsgang.

E Chor

Der Grundriß, wahrscheinlich von Erzbischof Albrecht II. geschaffen, folgt dem neuen französisch-gotischen Kathedralschema. Noch ist die spätromanische Tradition übermächtig. Beim genaueren Hinsehen allerdings ist zu bemerken, daß von gewohnter Regelmäßigkeit keine Rede sein kann. Der moderne Zeitgeist – die Gotik – brauchte Raum. So wurden die Pfeiler zum Westen hin immer mehr hinausgeschoben, wodurch die Arkaden unterschiedliche Bogenformen bekamen. Das angestrebte neue Idealmaß wurde indes erst bei den letzten Arkaden erreicht, an die sich auch erstmalig Kreuzrippengewölbe anschließen.

Zwischen den fünf schmal ausfallenden Arkaden im Bereich des Hochaltars, wurden vier jener Säulen aufgerichtet, die Otto der Große im Jahre 962 aus Italien mitbrachte (15). Jene aus Rosenporphyr sollen aus Rom stammen, die granitenen aus dem Palast Theoderichs, des Königs der Ostgoten zu Ravenna.

Sechs Heiligenfiguren sind zu sehen. Von links nach rechts: Andreas, Paulus, Petrus, Johannes der Täufer, Mauritius sowie dessen Mitstreiter Innocentius. Die vier wichtigsten von ihnen thronen unmittelbar auf jenen traditionsreichen ottonischen Säulen. Unter den Füßen der sechs Märtyrer befinden sich jene Männer, die für ihren Tod verantwortlich sind; u.a. Herodes sowie die Kaiser Nero und Maximinian.

An den Skulpturen zur Linken läßt sich der Übergang von der Romanik zur Gotik nacherleben. Sie wurden von einem wahren Meister geschlagen. Es wird angenommen, daß die Plastiken für ein Figurenportal – ähnlich jenes von Notre Dame zu Paris wie der Kathedrale zu Chartres – bestimmt waren. Entweder zerschlug sich diese Idee, oder das Figurenportal wurde gar wieder auseinandergenommen. Wie dem auch sei, die Skulpturen fanden ihren, die Jahrhunderte überdauernden, Platz im Hohen Chor. Die zur Rechten sind einige Jahre später entstanden, im Ausdruck gröber und von vornherein für einen höheren Standort gearbeitet.

In den Kleeblattnischen befanden sich Reliquien.

Zum Portalschmuck gehörten ebenso jene kleinen Plastiken, die um 1225 geschaffen und entlang der Unterkante des Bischofsganges angebracht wurden. Es handelt sich dabei um Darstellungen von Tugenden und Lastern. Des weiteren sind, mit winzigen Säulen verziert, Kleeblattnischen zu erkennen. In ihnen befanden sich bis zum 18. Jh. Reliquien. Flankiert werden die Nischen von Klugen und Törichten Jungfrauen.

Hinter dem 1363 aufgestellten Hochaltar (16), steht ein modernes Kruzifix (17), geschaffen von Jürgen Weber. Es wurde 1989 Magdeburg von der Partnerstadt Braunschweig geschenkt. Die realistische Darstellung des gekreuzigten Christus hängt an einem dreidimensionalen, toten Eichenbaum, der an jener Stelle, auf die das

Das rekonstruierte Portal

Das Grabmal Kaiser Ottos des Großen

Blut Christi tropft, neu ausschlägt und zum Lebensbaum wird. So wird das Opfer zum Symbol der Hoffnung. Das Grabmal von Kaiser Otto dem Großen befindet sich mitten im Chor (18). Verstorben ist er am 7. Mai 973 in seiner Lieblingspfalz zu Memleben. Er wurde in einem prächtigen Trauerzug nach Magdeburg überführt, denn bereits 946, als seine erste Frau verstorben war, hatte Otto I. vorbestimmt, neben Editha bestattet zu werden. Unter den vielen Kostbarkeiten, die er für seinen Dom aus Italien mitbrachte, befand sich auch jene Marmorplatte, die noch heute seine letzte Ruhestatt bedeckt. 1936 – zur Jahrtausendfeier seines Regierungsantritts – wurde der Schrifttrost angebracht, dessen Worte schon im Mittelalter in goldener Schrift das Grab zierten. Der leoninische Vers lautet übersetzt: Drei Gründe der Trauer sind unter diesem Marmor eingeschlossen: der König, die Zierde der Kirche, die höchste Ehre des Vaterlandes.

Die Osterlichtsäule wurde in der ersten Hälfte des 12. Jh. aus Marmor geschlagen. Sie stammt aus dem ottonischen Dom.

Als am 22. Oktober 1363 der Dom geweiht wurde, geschah dies im Namen des hl. Mauritius (19) und der hl. Katharina (20). Mauritius ist seit 937, Katharina seit 1209 Patron dieses Gotteshauses. Besonders schöne Darstellungen, aus dem 13. Jh., finden sich von ihnen im Chor.

Mauritius, ein Nordafrikaner von sicherlich nicht ganz so dunkler Hautfarbe, galt als Muster von Tapferkeit wie Tugend. Er führte zu Zeiten des römischen Kaisers Diokletian wie dessen Mitkaisers Maximinianus die Thebäische Legion. Er gehörte mit den Landsleuten seiner Legion der alten koptischen Kirche von Nordafrika an, was ihnen um das Jahr 286 zum Verhängnis wurde. Als Maximinianus nämlich anläßlich der Alpenüberquerung hieß, ein Opferfest für die Götter Roms abzuhalten, wollte Mauritius an diesem nicht teilnehmen und zog mit seiner Legion, der man aufgrund ihrer Gewandtheit den Beinamen „Fulminatrix" – Blitzlegion – gegeben hatte, weiter. Der Mitkaiser beorderte Mauritius daraufhin sofort zu sich und erfuhr während des Gespräches, daß die gesamte Legion dem christlichen Glauben anhänge. Unverzüglich forderte er die Abtrünnigen auf, den römischen Göttern zu opfern. Da die Legion diesen Befehl verweigerte, ließ Maximinianus alle niedermetzeln, auch Mauritius und den Fahnenträger Innocentius. Eine andere Überlieferung berichtet, die Legion habe sich unter Mauritius' Leitung geweigert, an Christenverfolgungen teilzunehmen.

Heilige Katharina – Patronin des Domes

An eben dieser blutrünstigen Stätte ließ um 500 König Sigismund von Burgund das Kloster Sankt Maurice errichten. Und es sollte im Jahre 951 geschehen, daß die Soldaten Otto I. eben dieses Kloster zerstörten. Als der König davon erfuhr, schwor er, dem Märtyrer eine neue Heimstatt in Magdeburg zu schaffen. Im Jahre 960 gelang es Otto I., Reliquienteile des Heiligen, die sich zu dieser Zeit in Regensburg befanden, nach Magdeburg zu überführen. Erst Erzbischof Albrecht II. war es vorbehalten, das Kopfreliquiar des Heiligen an den neuen Ruheplatz zu bringen. Als er 1220 von seiner Reise aus dem Süden zurückkehrte, brachte

Der heilige Mauritius. Er war bereits Patron des ersten, ottonischen Domes.

Das geschnitzte Chorgestühl birgt viele interessante Details.

Blick in den Bischofsgang

Dieser Domherrenhumpen, der die Jahreszahl 1593 trägt (ab 1567 waren alle Domherren lutherisch), kann gut vier Liter fassen. Er wird im Museum aufbewahrt.

er nicht nur die Hirnschale des Mauritius, sondern auch einen Finger der hl. Katharina mit.

Zum Domkapitel Magdeburgs, dem ranghöchsten im mittelalterlichen Deutschland, gehörten zwölf bis zwanzig Domherren, in deren Händen der Gottesdienst am Dom und die Regierung des Erzbistums lag. Das Kollegium besaß im Notfall sogar die Macht, den Erzbischof als Landesherren abzusetzen.

Ihr angestammter Platz im Dom war der Hohe Chor – dort das aus Eichenholz bestehende Gestühl, welches zur Innenweihe des Doms kurz vor 1363 geschaffen wurde (21). Die Schnitzereien auf den hochragenden Wangenbrettern vermitteln Einblicke in die Vita Jesu Christi. Die Sitze sind hochklappbar und bergen unter kleinen Lehnstützen interessante, oft humorvolle Detaildarstellungen, die als Tugend- und Lasterpredigten vom Domkapitel mit in Auftrag gegeben worden waren.

Das Chorgestühl befindet sich direkt hinter dem Lettner (22), der selbiges gleich einer Nußschale in sich birgt. Der Bau des Lettners – jene hochgezogene Trennwand zwischen Chor und Mittelschiff – begann am Valentinustag des Jahres 1445. Seine Weihe vollzog 1451 Erzbischof Friedrich von Beichlingen.

F Bischofsgang

Befindet sich der Besucher des Chorumganges, trotz des frühgotischen Grundrisses, noch in der Sphäre der Spätromanik, so wird er förmlich in die Gotik emporgehoben, wenn er zum Bischofsgang hinaufsteigt. Hier ist alles licht, weit und hoch. Als Baumeister gilt ein Mann namens Bonensack, der

Baumeister Bonensack

sich an einem der südwestlichen Vierungspfeiler (23) selber dargestellt hat. Bonensack muß, nachdem er in der französisch-gotischen Formensprache ausgebildet worden ist, in Maulbronn tätig gewesen sein, bevor er an die Elbe kam. Denn der südliche Kreuzgangflügel des dortigen Zisterzienserklosters weist bis ins Detail Ähnlichkeiten mit dem Magdeburger Bischofsgang auf. Da Ersterer kurz nach 1200 fertiggestellt, der Magdeburger Bau nach 1210 begonnen worden ist, läßt dies die Vermutung zu, daß es sich um ein und denselben Baumeister handelt.

Historisch interessant ist eine zum Fenster umfunktionierte Tür, hinter der sich einst eine überdachte Brücke befand, welche den Dom mit dem angrenzenden Palais des Erzbischofs verband. Die Tür spielt eine Rolle in der Erinnerung an Erzbischof Burchard III., der mit den Magdeburgern in Fehde stand und deswegen nicht mehr zu Fuß in den Dom gehen konnte. Er wurde am 21. September 1325 im Ratskeller erschlagen. Der Name der Brücke – Bischofsgang – übertrug sich auf den oberen Chorumgang.

Pieta in der Bischofskapelle

G Jungfrauenportal

Zu Beginn des 14. Jh. wurde an der Nordfront des Querschiffes das spätromanische Portal herausgerissen, um durch ein zeitgemäßes ersetzt zu werden. Zur Zierde desselben wurden zehn um 1250 entstandene Frauenfiguren angebracht: die Klugen und die Törichten Jungfrauen (24) nach dem Gleichnis aus dem Matthäusevangelium.

Sie sind der berühmteste Figurenzyklus des Doms und bringen mit der

Die berühmten Treppenstufen zur Brücke, welche zum erzbischöflichen Palais führten.

meisterlichen Differenzierung von Trauer und Freude Verlust oder Gewinn des ewigen Lebens zum Ausdruck.

In der vor dem Portal errichteten Halle finden sich zwei den Jungfrauen zugeordnete Plastiken: Synagoge (25) – das alte Gottesvolk der Juden – und Ecclesia (26) – das neue Gottesvolk der Christen – versinnbildlichend.

Im 17. Jh. wurden in die seitlichen Öffnungen des Vorbaus Holztüren eingesetzt, die der Vorhalle zu ihrem Namen „Paradies" verhalfen, denn sie sind mit Darstellungen aus dem Paradies bemalt worden. Heute befinden sich diese Türen (27), die Adam und Eva während der Erschaffung wie des Sündenfalls und der Austreibung aus dem Paradies zeigen, im nördlichen Seitenschiff.

Blick in den romanischen Teil des Kreuzganges

H Kreuzgang

Um 1170 entstand der Klausur-Südflügel (28) des Kreuzganges. Er blieb nach dem großen Brand von 1207 erhalten. Sogar die Arkaden, die mit je zwei Säulen gefüllt sind, welche drei Rundbögen tragen, sind original. Säulen samt Kapitelle bestechen in ihrer Schönheit und weisen Ähnlichkeit mit jenen im Kloster zu Königslutter auf.

Da der Minnesänger Walther von der Vogelweide zu Weihnachten 1199 im Magdeburger Dom weilte, sind Säulen wie Kapitelle die unmittelbaren Zeugen seines Besuches.

Der Westflügel (29), durch die Asymmetrie der Kreuzganganlage der kürzeste, ist Mitte des 14. Jh. angelegt worden. Der gotische Trakt übernimmt vom romanischen Vorgänger allerdings nicht nur die Richtung, sondern gleichermaßen das erste Joch. Auf diese Weise schmiegt sich eine romanische Arkade an eine gotische. Ein Architektur-Schauspiel besonderer Art.

Der Nordflügel (30) wurde bereits angelegt, als die Arbeiten am Chor begannen, doch verzögerte sich der

Domtürme vom Kreuzgang aus

Zwischen den Fenstern befindet sich der Rest einer Putzritzzeichnung

Weiterbau wieder und wieder. Als die Gewölbe vollendet wurden, geschah dies bereits hochgotisch.

Der Ostflügel (31) stammt aus der frühen Zeit des 13. Jh. Eine Besonderheit stellen die filigranen Füllungen der Arkaden dar. Wenn von einer Ähnlichkeit zur Heilig-Grab-Kapelle abgesehen wird, gibt es dafür kaum weitere Vergleiche.

Nach einem Blick in die Tonsur (32) sollte der Innenhof (33) in Augenschein genommen werden. An der Ostseite seines Gevierts ist ein Bildfries zu entdecken. Solcherart Putzritzzeichnung besitzt in Regionen nördlich der Alpen Seltenheitswert. Dargestellt ist im Zentrum Kaiser Otto I., dem seine Frauen Editha (links) und Adelheid (rechts) zur Seite sitzen. Des weiteren

Der Remter – einer der schönsten Räume des Domes.

waren einst einundzwanzig Erzbischöfe zu sehen. Da als letzter Burchard I. (1234–1235) abgebildet wurde, ist anzunehmen, daß dessen Nachfolger, Erzbischof Wilbrand, den Fries in Auftrag gegeben hat. Viele der Darstellungen wurden beim Löschen eines Brandes im 19. Jh. zerstört. Der Rest ist nur unter großem denkmalpflegerischen Aufwand zu erhalten.

I Remter

Eine besondere Sehenswürdigkeit stellt der Remter (soviel wie Refektorium, also Versammlungs- und Speisesaal) dar. Dieser Raum, der zu den schönsten im Dombereich gehört, konnte sicherlich im Jahr der Domweihe – 1363 – bereits genutzt werden. Damals war seine Ausstrahlungskraft noch eine weit größere, da die heute trennende Wand zum angrenzenden Ostflügel des Kreuzganges noch nicht gezogen, der Blick in den Innenhof frei war.

Der Remter besteht aus einer zehnjochigen zweischiffigen Halle, in der neun Säulen aufgestellt wurden. Auf diese ist besonderes Augenmerk zu richten, denn sie stammen aus dem ersten Dom, wurden also im Auftrage Ottos des Großen aus Italien herbeigeschafft. Da Thietmar von Merseburg, der eine acht Bücher umfassende Chronik schrieb – die Zeit von 908 bis 1018 wird dabei berücksichtigt –,

Eines von jenen Kapitellen, die Otto I. aus Ravenna mitbrachte.

berichtet: „in alle Säulenschäfte befahl er sorgsam Heiligenreliquien einzuschließen", sind sie jene Behältnisse, die als sichere Aufbewahrungsorte der Kostbarkeiten des Frühchristentums dienten.

Auch die sogenannten byzantinischen Kapitelle stammen aus Italien. Nachdem Otto I. sie über die Alpen transportieren ließ, schmückten sie zunächst gut 200 Jahre seinen Dom. Als dieser 1207 abbrannte, wurden sie aus den Trümmern geborgen und dazu bestimmt, den farbigen Säulen im Remter als Basen zu dienen. Seither sind jene marmornen Kapitelle statt am oberen am unteren Ende derselben zu finden.

K Marienkapelle

Zwei Domherren aus den Geschlechtern derer von Wederden und von Wanzleben stifteten die Marienkapelle, die zwischen 1350 und 1370 errichtet wurde. Zwei Joche des Remters wurden dazu nach Osten hin als Zugang geöffnet. Bei einem Brand im Jahre 1449 litt die Kapelle so stark, daß sie neu errichtet werden mußte.

An ihrer Nordwand wurden neun, gut 85 cm hohe romanische Figuren aus weißem Marmor angebracht, die in Dreiergruppen zu Reliefplatten zusammengefaßt sind (34).

Die Figuren gehörten einst zu jener Schranke (Vorläufer des Lettners), die den Chor und das Hauptschiff im ottonischen Dom voneinander trennte. In dieser Chorschranke befand sich der Ambo – das Lesepult frühchristlicher Kirchen. Er hatte die Form eines Halbkreises und war mit jenen Figuren geziert, die Christus in der Mandorla mit den Evangelistensymbolen und Allegorien der Seligpreisungen aus der Bergpredigt darstellen.

Chorschranke samt Ambo wurde in den neuen Dom übernommen. Im Jahre 1445, als die marmorne Schranke dem heutigen Lettner weichen mußte, blieben die neun Figuren als einzige erhalten und wurden in einem Akt früher „Denkmalpflege" in die Marienkapelle versetzt. Sie stellen somit eine besondere Kostbarkeit dar – ein Denkmal des frühen Christentums, das mit nichts zu vergleichen ist.

Auch der Altar (35), nach der heiligen Elisabeth benannt, ist bedeutungsvoll. Er steht in unmittelbarem Bezug zum Erzbischof Burchard III., der im Rathaus ermordet worden ist. Nachdem man die Tat lange zu verheimlichen suchte, verhängte der Papst den Bann über Magdeburg. Und es fiel Erzbischof Otto von Hessen zu, die Betroffenen von dieser höchsten Strafe zu lösen. Neben Buße und dem Versprechen, dem Erzbischof künftig bedingungslos zu huldigen, gehörte zu den päpstlichen Forderungen, fünf Sühnealtäre zu stiften. Einer von diesen ist der Elisabethaltar. Auf ihm sind u.a. Otto von Hessen dargestellt – ein Pendant dazu findet sich am Zugang zum südlichen Chorumgang (36) – und die heilige Elisabeth – Tochter des ungarischen Königs und spätere Landgräfin von Thüringen, deren Urenkel Otto von Hessen war.

Blick in die Marienkapelle, deren Ursprung ins Jahr 1350 zurückreicht. In ihr befindet sich der nach der heiligen Elisabeth benannte Altar, der zur Sühne am Mord des Erzbischofs Burchard III. errichtet worden ist. Auf diesem sind neben der Tochter des ungarischen Königs ihr Urenkel Otto von Hessen zu sehen.

Diese romanischen Figuren, zu Dreiergruppen zusammengefaßt, stellen einen besonderen Schatz des Domes dar. Sie gehörten zum Ambo, dem Lesepult frühchristlicher Kirchen.

Nachdem der ottonische Dom 1207 abgebrannt war, wurden sie in den Nachfolgebau übernommen. Als man im Jahre 1445 den heutigen Lettner errichtete, fanden die aus italienischem Marmor geschaffenen Evangelisten in der Marienkapelle einen würdigen Platz.

2 Domplatz

Kein romantisches Eckchen, sondern ein barocker Winkel hat sich auf dem Domplatz erhalten. Denn an der Gouvernementsbergstraße stoßen zwei barockene Häuserzeilen aufeinander, die die Süd- und Nordseite des weitläufigen Domplatzes flankieren.

Erdacht worden ist dieses großzügige Ensemble, zu dem eine nicht mehr existierende Westseite gehörte, von Fürst Leopold von Anhalt-Dessau, der 45 Jahre als Gouverneur in Magdeburg fungierte. Dem „Alten Dessauer" – der als Erfinder des Gleichschritts gilt, für Neues höchst aufgeschlossen war und Pünktlichkeit und Ordnungswillen zu seinem obersten Gebot erhoben hatte – oblag es, Magdeburg zur stärksten Festung Preußens auszubauen. Im Jahre 1740 war das Ziel erreicht.

Das hatte zur Folge, daß während des Siebenjährigen Krieges, sobald

Berlin und Potsdam in Gefahr standen, vom Feindesheer besetzt zu werden, die königliche Familie in der Stadt an der Elbe Zuflucht nahm, einschließlich des Hofstaates. So im Winter 1757/58, im Herbst 1758 und vom Frühjahr 1760 bis zum Friedensschluß von Hubertusburg im Jahre 1763.

Friedrich der Große bestimmte, daß neben den geheimen Dokumenten auch der Tresor, goldene Service, Juwelen und ein Teil der Generalkriegskasse in die Festung Magdeburg zu bringen seien. Dort glaubte der König alles in Sicherheit. Und tatsächlich, Magdeburg wurde nie angegriffen, stellte mitten im Siebenjährigen Krieg eine Insel des Friedens dar.

Der Domplatz – einst der Neue Markt geheißen – gehört zu den geschichtsträchtigen Stätten Magdeburgs. Drängten sich hier im Spätherbst 1989

Auf den „Alten Dessauer" ...

... geht die Grundidee zurück ...

... dieses Barockensemble zu schaffen.

Tausende, die beim Montagsgebet zur Erneuerung der Gesellschaft keinen Platz mehr im Dom fanden, stellten sich Monate später die Politiker der neu gegründeten Parteien vor. War es im Herbst 1918, wo vom Balkon des Regierungsgebäudes (Nr. 2/3) Vertreter des Soldatenrates die deutsche Republik ausriefen, so forderte im Jahre 1453 der Barfüßermönch Johannes Capistranus – in Ungarn als Heiliger verehrt – in einer wortgewaltigen Bußpredigt auf, Karten, Würfel wie Schmuck dem Scheiterhaufen zu übergeben.

Und direkt vor dem Palais Nr. 2/3 stand der berühmte Palast Ottos des Großen. An der Rückfront des Gebäudes ist ein Stück Alt-Magdeburg zu entdecken. Gotische Fenster erinnern daran, daß sich dort die Sankt-Gangolf-Kapelle befand. Sie gehörte zum erzbischöflichen Palais. In ihr wurden, nach mittelalterlicher Sitte, die Herzen und Eingeweide der Erzbischöfe beigesetzt, weshalb der Volksmund „Kaldaunenkapelle" zu ihr sagte.

Die dem heiligen Gangolf geweihte Kapelle verschwand im Zuge von Umbauten des Regierungsgebäudes mehr und mehr. Einzig eine winzige Nische des Chores blieb bis auf den Tag erhalten, in welcher sich ein wundersam geformter Schlußstein präsentiert.

Heißt es, daß das Regierungsgebäude nebst dem Palais Nr. 5 der Architekt Simonetti im Stil römischer

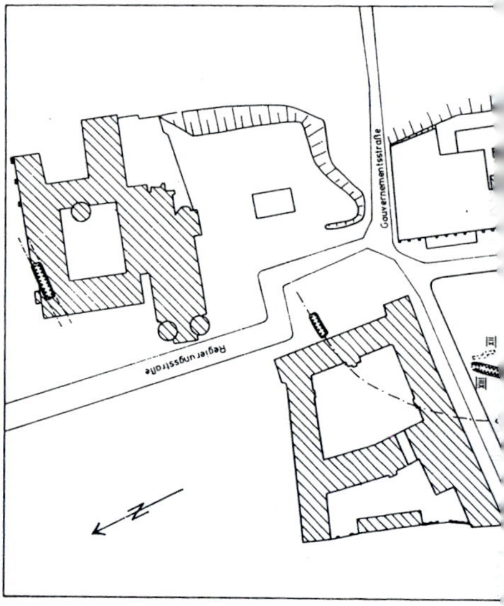

Lageskizze der Kaiserpfalz auf dem Domplatz

Palazzi errichtete, so wartet das Haus Nr. 4 mit üppigem Figurenschmuck auf.

Im Haus Nr. 5 befand sich vor der französischen Besetzung Magdeburgs die Domdechanei. Später bezog das Generalkommando des IV. Armeekorps hier Quartier. Nachdem dieses 1893 in das neu erbaute Palais in der Augustastraße (heute Hegelstraße – Ministerpräsidentensitz) verlegt worden war, richtete man am Domplatz das erste Magdeburger Museum ein.

Barock in Vollendung bietet das Domgeviert an seiner Nordseite. Die Palais Nr. 7 bis 9 wurden von dem hochtalentierten Gerhard Cornelius von Walrave zwischen 1724 und 1726 geschaffen. Zu seinem eigenen Anwesen bestimmte er das „Frey-Hauß" (Nr. 9). Walrave, durch Vermittlung des „Alten Dessauers" in die preußische Armee gelangt, war eine Karriere sondersgleichen beschieden. Als Chef der Ingenieurtruppen unterstand ihm nicht nur die Festung Magdeburg, sondern alle Festungen Preußens. So steil der Aufstieg, so tief der Sturz. Walrave, der Spionage verdächtigt, wurde verhaftet und mußte 25 Jahre in der von ihm selber geschaffenen Sternschanze zubringen.

Im Haus Nr. 6, das später hinzugekommen ist, findet sich der Landtag von Sachsen-Anhalt zu seinen Sitzungen ein.

Herrliche Barockfassaden präsentieren sich auch an der Ostseite des Domplatzes.

Schlußstein im Chor der einstigen Sankt-Gangolf-Kapelle.

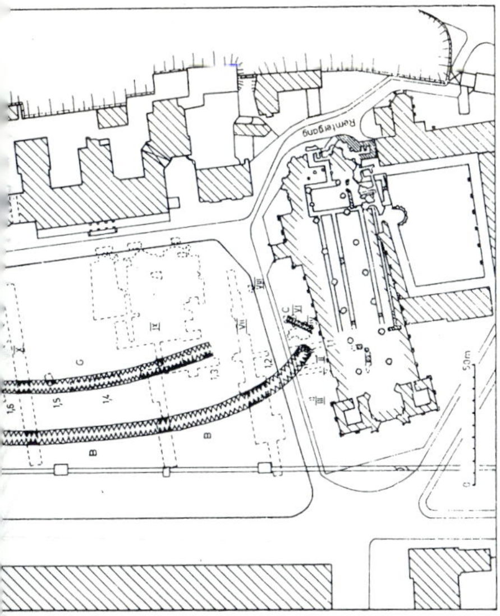

Sankt-Gangolf-Kapelle

Die Tonsur

3 Kloster Unser Lieben Frauen

Beim Kloster Unser Lieben Frauen handelt es sich um das älteste erhaltene Bauwerk der Stadt.

Zunächst begründete Erzbischof Gero am 13. Dezember 1015 ein Kollegiatstift. Nachdem dieses mit bedeutenden Rechten ausgestattet war und die Kanoniker über genügend Grund und Boden verfügten, um selbständig existieren zu können, stand als nächste Aufgabe die Errichtung einer Kirche an. Diese wurde Maria

Glockenstilleben

Hochsäulige Kapelle

geweiht, erwies sich allerdings bald als zu klein. So entschloß sich im Jahre 1070 Erzbischof Werner, den Kirchenbau zu erweitern. Als der Erzbischof 1078 in den Kämpfen mit Kaiser Heinrich IV. den Tod fand, wurde er in der von ihm konzipierten Kirche Sankt-Marien beigesetzt. Das läßt die Vermutung zu, daß zu diesem Zeitpunkt zumindest Chor und Krypta, vielleicht auch ein Teil des Querschiffes, fertiggestellt waren.

Als weitere Bauherren weisen sich Erzbischof Hartwig (1079–1102) und Erzbischof Heinrich (1102–1107) aus. Letzterer ließ sich gleichfalls in der Marienkirche und nicht im Dom beisetzen.

Ein tiefer Einschnitt in das Dasein der Kanoniker stellte das Jahr 1126 dar. Der Papst erhob Norbert aus Xanten, der um 1120 den Prämonstratenserorden begründet hatte, zum Erzbischof von Magdeburg. Und im Jahre 1129 bewilligten Papst Honorius sowie

Foto Seite 64/65 Kloster Unser Lieben Frauen

Blick von der einstigen Orgelempore in die Marienkirche

Kaiser Lothar III., daß das Kollegiatstift in ein Kloster des neuen Ordens zu verwandeln sei. Den zwölf Kanonikern wies Erzbischof Norbert eine neue Bleibe zu, während seine „weißen Mönche“ das Anwesen zum zweiten Mutterkloster des Prämonstratenserordens ausbauten. Ende des 12. Jh. wurde der Kirchenbau (A) mit der Errichtung der Türme in vollendetem romanischen Stil beendet.

Die dreischiffige Marienkirche erlebte große Tage. Insbesondere, nachdem der Dom 1207 abgebrannt war und sie, von den Flammen unversehrt, dessen Aufgaben übernehmen mußte. So weihte Erzbischof Albrecht II. in ihr die Bischöfe von Brandenburg und Zeitz. Und es war der Liebfrauentag des Jahres 1211, als selbiger im Auftrage des Papstes den im November

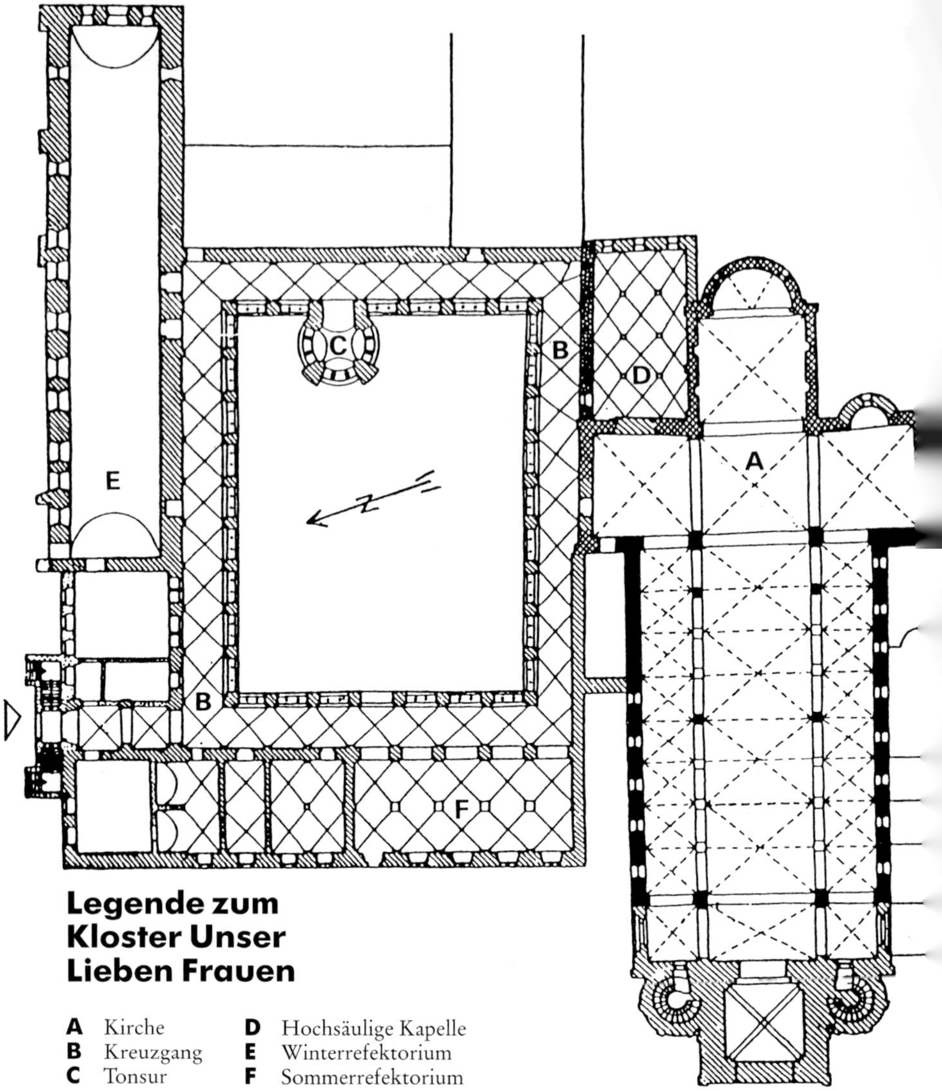

Legende zum Kloster Unser Lieben Frauen

A	Kirche	**D**	Hochsäulige Kapelle
B	Kreuzgang	**E**	Winterrefektorium
C	Tonsur	**F**	Sommerrefektorium

1210 über Kaiser Otto IV. verhängten Bann verlas. Otto IV. war der zweite Sohn Heinrich des Löwen und nannte sich deshalb auch Otto von Braunschweig.

Um 1215 erfolgte die frühgotische Einwölbung der romanischen Pfeilerbasilika.

Der wohl schönste Raum des Klosters schloß sich dem Westflügel des Kreuzganges an. Es handelte sich um das Sommerrefektorium (F), eine zweischiffige, zum Kreuzgang hin offene Halle. Vier ursprünglich marmorne Säulen trugen das Kreuzgewölbe, welches mit goldenem Farbton überzogen war, auf dem sich phantastische Ornamente zeigten. Es handelte sich auch keineswegs um einen gewöhnlichen Raum, sondern um die Versammlungsstätte, in die der Propst von Sankt Marien – Prämonstratenser-Provinzial von Deutschland – die Suffragane zusammenrief.

Dieses Sommerrefektorium gehört zu den unersetzlichen Verlusten des letzten Krieges. An seiner Stätte wurde das heutige Klostercafé erbaut.

Gilt der bewußt schlicht gestaltete Kreuzgang (B) als exemplarisches Beispiel romanischer Baukunst, wartet er dennoch mit einer Besonderheit auf. Wurde ein Kreuzgang für gewöhnlich auf der sonnigen Südseite angelegt, so der des Klosters Unser Lieben Frauen auf der Nordseite der Kirche.

Ein wahres Juwel der romanischen Stilperiode stellt im nahezu gleichmäßi-

Der Nordflügel des Kreuzganges

gen Geviert des Kreuzganges die Tonsur (C) dar. Dieser Bau, der sich an dessen östlichen Flügel anschmiegt, erhebt sich auf einem runden Grundriß (innerer Durchmesser 4,58 m) und gipfelt in einer aus Naturstein errichteten kegelförmigen Dachkonstruktion – ein Unikum der Architekturgeschichte.

Wie, um auch ein Beispiel der Hochromanik zu liefern, wurde zwischen Chor und südlichem Kreuzgangarm die Hochsäulige Kapelle (D) eingefügt. Nur 7 m breit und 13,50 m lang, strebt sie mit ihren Säulen, deren Schäfte 2,76 m lang sind, eine ungewöhnliche Dimension an. Im letzten Drittel des 12. Jh. geschaffen, läßt diese Kapelle das Nahen der Gotik erahnen.

Gleichfalls eine Besonderheit birgt das Winterrefektorium (E). Nicht nur, daß die zwei Meter mächtigen Mauern den tonnenförmigen Saal, jenen Speise- und Versammlungsraum der Mönche, bergen, unter demselben befinden sich zwei weitere Tonnengewölbe. Der Besucher steht somit in einem „Hoch-

Im Innenhof des Kreuzganges erklingen im Sommer Konzerte.

Die wieder freigelegte romanische Krypta

haus" des Mittelalters, wobei sich die ehemalige Küche und Vorratskammer unter der Erde befinden.

Seit 1698 fungierte das Kloster Unser Lieben Frauen als Schule, zu deren berühmten Absolventen Karl Leberecht Immermann und Georg Kaiser gehören.

Im 2. Weltkrieg wurde der Gebäudekomplex von Bomben getroffen. Nachdem die ärgsten Schäden beseitigt waren, wurde in der Marienkirche zunächst Gottesdienst abgehalten.

Im Jahre 1976 fand im Winterrefektorium die sogenannte „Nationale Sammlung Kleinplastik der DDR" ihr Domizil (Näheres siehe Seite 134). Ein Jahr später verwandelte man die Marienkirche in die Konzerthalle „Georg Philipp Telemann".

Unter dem Chor der Marienkirche befindet sich eine frühromanische Krypta, die nach Westen hin erweitert wurde, um ein Sanktissimum für Erzbischof Norbert zu schaffen. Dieser geweihte Gruftraum für den 1215 selig, 1582 heilig Gesprochenen war einst, durch eine spaltartige Öffnung im Fußboden des Querschiffes, von der Kirche aus erreichbar.

Norbert aus Xanten verstarb am 6. Juni 1134 im bischöflichen Palais. Ein Streit brach aus, wo der Erzbischof beigesetzt werden sollte – im Dom, seiner Wirkungsstatt, oder im Kloster, dessen erster Propst er war. Der Kaiser entschied für Letzteres.

Am 24. November 1626 – mitten im Dreißigjährigen Krieg – erschienen, im sich dem Protestantismus verschriebenen Magdeburg, der kaiserliche Obrist Altringen und der Abt des Prager Prämonstratenserklosters „Strahov", Kaspar von Questenberg, um den hl. Norbert zu erbitten.

Am 1. Mai 1627 erreichte der Heilige von der Elbe die Stadt an der

Die Grablege des heiligen Norbert in der erweiterten Krypta

Moldau. Dies auf einem weißen Wagen, gezogen von sechs weißen Pferden.

Vor dem heutigen Museumsareal finden sich Brunnen wie romanischer Mauerrest. Zeugen, die darauf hinweisen, daß zum Kloster ein landwirtschaftlicher Nutzhof gehörte. Bei einem Kräutergarten und einigen Obstbaumreihen blieb es nicht. Äcker wurden bestellt und sogar ein Weinberg, an dessen Hängen im Jahre 1562 Trauben für fünf Faß Wein reiften.

Der jahrhundertealte Mauertorso überlebte in einem jüngeren Haus, das an dieser Stelle stand. Dieses wurde um 1970 abgerissen, hatte bis dahin die Schulbibliothek beherbergt. Deren Bücher – gut 22 000 – befinden sich nun im Kloster.

Die eigentliche Klosterbibliothek, deren Bestand bis ins 12. Jh. zurückreichte, nahmen die Prämonstratenser mit sich, als sie sich 1632 den weiterziehenden Truppen der katholischen Liga anschlossen, um Magdeburg zu verlassen. Seither gilt die Bibliothek als verschollen.

Mitten in der Altstadt hat auch Georg Philipp Telemann, der berühmte Komponist der Barockzeit und Freund Bachs wie Händels, das Licht der Welt erblickt. Anläßlich seines 300. Geburtstages wurde 1981 an der Großen Klosterstraße das Denkmal „Telemann und die vier Temperamente" – geschaffen von dem Magdeburger Bildhauer Eberhard Roßdeutscher – enthüllt. Im Hintergrund spannt sich der Fries „Variationen". Als Eberhard Roßdeutscher 1980 verstarb, wurde von einer der Figuren ein Zweitguß angefertigt, der auf dem Grab des Künstlers (Westfriedhof) steht.

Im Bereich des ehemaligen Klosterschulhofes steht eine zweite Wand. Sie gehörte zum Sankt Alexiushospital. Dieses Fremdenhaus, in dem Pilger ihr müdes Haupt zur Ruhe betten konnten, wurde 1022 dem Klosterareal angegliedert. Das Quartier wandelte sich alsbald in ein Armenhaus um und wurde im Mai 1631 stark in Mitleidenschaft gezogen. Die stehengebliebenen Wände fanden beim Bau eines Wohnhauses Verwendung. Als dieses 1888 abgerissen wurde, versetzte man die architektonisch interessante Wand an ihren heutigen Standort.

Rest vom St. Alexiushospital

Telemann-Denkmal

In Höhe dieser romanischen Mauer, auf der gegenüberliegenden Seite der Großen Schulstraße, befand sich das Geburtshaus des Romanciers wie Dramatikers Karl Leberecht Immermann. In diesem besuchte ihn im April 1824 Heinrich Heine.

4 Leiterstraße

Bereits im Jahre 1263 wird die Leiterstraße urkundlich erwähnt. Somit gehört sie zu den ältesten Straßenzügen der Stadt. Sie stellte zwischen der Altstadt der Bürger und dem erzbischöflichen Territorium – der Domfreiheit – die Grenze dar. In vergangenen Jahrhunderten wurde der Breite Weg sogar mit einer Eisenkette abgesperrt. Soldaten bezogen Posten, um den „kleinen Grenzverkehr“ zu kontrollieren. Das Bier im Dombereich unterlag beispielsweise nicht der städtischen Steuer. Durstige Bürger durften es zwar an Ort und Stelle trinken, aber keinesfalls kannenweise in die Altstadt „schmuggeln“.

Den Auftakt zur heutigen Leiterstraße bilden zwei Atlanten, die einst das „Schloßcafé“ des Breiten Weges schmückten. Früher stand an etwa dieser Stelle das Haus „Zum Goliath“, dessen Nachbarhaus „Zum kleinen David“ hieß. Hier befand sich Magdeburgs ältester Bierausschank. Einzig das Hauszeichen, aus dem Jahre 1676 stammend, hat die Zeiten überdauert. Nach 1975 wurden die letzten Barockhäuser, die das Inferno des 2. Weltkrieges überlebt hatten, gesprengt, um Neubauten Platz zu machen. In der Passage ist der „kleine Davit“ zu finden.

Im Innenhof der Fußgängerzone klotzt seit 1986 der bronzene Badezuber des Bildhauers Heinrich Apel. Sein Durchmesser beträgt 3,40 m. Rundherum vollführen Faune ihr hintersinniges Treiben. Wer ihnen nahe kommen will, muß in der Leiterstraße auf die Leiter steigen.

Dort, wo einst die Prälatenstraße abbog – heute M.-J.-Metzger-Straße –, befand sich der Gasthof „König von Preußen“. Hier stiegen etliche Berühmtheiten ab. So im Jahre 1800 Lady Hamilton und Admiral Nelson, die per Schiff von Dresden aus angereist kamen. Gespeist haben sie bei geöffneten Türen, Neugierigen wurden Erfrischungsgetränke wie Wein gereicht, und die Lady erzählte, aus welchen Gefechten die Blessuren des Admirals stammten. 1816 logierte Generalfeldmarschall von Blücher im „König von Preußen“. Im gleichen Jahr schlug Lazare Carnot, jener große Sohn der französischen Revolution, hier sein erstes Domizil auf. Carnot blieb bis zu seinem Tode in Magdeburg und wurde u.a. vom Staatskanzler Fürst Hardenberg und dem Philosophen Hegel besucht.

Diese beiden Atlanten zierten einst den Eingang zum „Schloßcafé“ des Breiten Weges.

Ein riesiger bronzener Badezuber wurde 1986 mitten in der vom Autoverkehr freien Leiterstraße aufgestellt. Faune treiben an seinem Rand ihr Unwesen.

Der legendäre „Magdeburger Saal" des einstigen „Kaiser-Friedrich-Museums", wie er sich auf einem historischen Foto präsentiert.

5 Kulturhistorisches Museum

Am 16. Dezember 1906 wurde das „Kaiser-Friedrich-Museum" eröffnet. Schätze aus der griechischen Antike bis hin zur damaligen Moderne füllten die 67 Einzelräume. Den Auftakt bildete der „Magdeburger Saal", den Arthur Kampf mit einem der größten Wandbilder Deutschlands ausstattete. Das etwa 20 m lange und 5 m hohe Triptychon materialisierte Episoden aus dem Leben Kaiser Ottos des Großen. Auch die „Trauernde Magdeburg" des Wormser Lutherdenkmals, in einem Sonderguß für Magdeburg erstellt, fand hier einen dominanten Platz.

Detail aus dem momentan freigelegten Wandgemälde von Arthur Kampf.

So sah das Mittelfeld des einstigen monumentalen Wandgemäldes aus.

Der erste Direktor, Theodor Volbehr, zeigte sich offen für die Moderne. Werke von Barlach, Beckmann, Pechstein, Lehmbruck, Heckel, Nolde, Kirchner, Schmidt-Rottluff wurden angekauft. Im Jahre 1912 kam für 14 000 Reichsmark das Selbstporträt Vincent van Goghs „Der Maler auf dem Weg nach Tarascon" dazu.

Die Nationalsozialisten waren dann die ersten, die der Magdeburger Sammlung beträchtliche Verluste beibrachten. Ihrer Aktion „Säuberung der Kunsttempel" fielen 160 Werke der Moderne zum Opfer.

Im Kriegsjahr 1942 wurden u.a. 186 Gemälde, unter ihnen das Bildnis van Goghs, und 30 Kästen mit Grafiken in den Kalischacht Neustaßfurt ausgelagert. Kaum etwas davon kehrte zurück.

Die dritte Zerstörungswelle setzte nach 1945 ein. Das Museum hieß fortan „Kulturhistorisches Museum", doch wurde mit Kultur und Historie willkürlich umgegangen. Man zertrümmerte den Wandfries im Innenhof, der an den Befreiungskrieg 1812/13 erinnerte, riß humanistisches Bildungsgut vom Sockel und warf es in den Hof hinab. So

Der Magdeburger Vincent van Gogh

hatte nach Prag auch Magdeburg seinen Fenstersturz. Dann schlug die letzte Stunde für den „Magdeburger Saal". Eine Zwischendecke wurde eingezogen, was auch bedeutete, das Wandgemälde von Arthur Kampf zu zerstören. Reste von diesem wurden jetzt freigelegt. Es besteht die Absicht, den „Magdeburger Saal" wieder herzustellen.

Trotz der ernormen Verluste, ist ein Besuch im Museum lohnenswert. Gleich im Foyer steht ein Schatz: die Original-Figurengruppe des Magdeburger Reiters, geschaffen um 1240. Diese Plastik ist das erste freistehende Reiterstandbild auf der nördlichen Seite der Alpen.

Die frühe Siedlungsgeschichte des Magdeburger Territoriums dokumentieren Faustkeile, Knochenwerkzeuge und Gegenstände aus der römischen Kaiserzeit. Pferdetrensen, wie sie sonst nur im Donauraum und Schweden vorkommen, und ein silbernes Pilgerzeichen aus dem 12. Jh. sind Beleg dafür, daß Magdeburg Kreuzungspunkt alter Handels- und Pilgerstraßen war. Vom hohen handwerklichen Können der hiesigen Gießhütte zeugt eine Aquamanile in Löwenform.

Altdeutsche und italienische Gemälde des 15. und 16. Jh. – darunter Werke des Memling-Kreises, sowie vier Bilder von Lucas Cranach – und Niederländer des 17. Jh. gehören ebenso zum Bestand wie Bilder um die Zeit des Biedermeier. Das breite Spektrum der Gemäldesammlung umfaßt Namen wie Wasmann, C.D. Friedrich, Rayski, Marées, Thoma, Jaeckel, Grundig, Katharina Heise, Tübke, Mattheuer, Gabriel, Aue und Ladewig.

Die Grafiksammlung enthält über 30 000 Blätter, darunter Holzschnitte Dürers wie frühe Radierungen Picassos. Unter den 3000 Handzeichnungen befinden sich Arbeiten von Carravaggio, Blechen, Busch, Rettelbusch, Meidner und Zille.

Prunk- wie Dielenschränke, Truhen und zahlreiche Sitzmöbel aus der Zeit der Spätgotik, Renaissance, des Klassizismus, Empire, Biedermeier und Jugendstil gehören ebenso zum Museumsbestand, wie eine aussagekräftige Textil- und Münzsammlung.

Pilgerzeichen aus dem 12. Jahrhundert

Mittelalterliches Holzgeschirr

Magdeburger Steingut

Bronzene Aquamanile

Der um 1240 aus Sandstein geschaffene MAGDEBURGER REITER ist das erste freistehende Reiterstandbild nördlich der Alpen. Hoch zu Roß sitzt Kaiser Otto der Große.

Des weiteren kann man sich mit den Experimenten Otto von Guerickes, wie der Tradition des Magdeburger Maschinenbaus vertraut machen.

Ebenso befindet sich unter dem Dach des Museums eine naturwissenschaftliche Sammlung.

Theodor Volbehr, der erste Direktor des Museums, vor dem von Adolf Menzel 1848 geschaffenen Karton „Der Einzug Heinrich des Kindes in Marburg“.

Otto von Guericke, Bürgermeister von Magdeburg und Erfinder dazu

Die nebenstehenden Abbildungen gewähren Einblicke in die Räumlichkeiten des 1906 eröffneten „Kaiser-Friedrich-Museums“.

6 Sankt Sebastian

Bereits Erzbischof Gero weihte um 1015 an dieser Stelle eine Kirche, die um 1150 als dreischiffige kreuzförmige Basilika fertiggestellt wurde. Bei den Großfeuern von 1188 und 1207 stark in Mitleidenschaft gezogen, wurde sie als gotische Hallenkirche wieder aufgebaut. Neben den typisch romanischen Türmen, ist es im Innern insbesondere das Querschiff, das den frühen Stil bewahrt hat. Das dreischiffige Langhaus präsentiert sich mit spätgotischen Säulen, die ihresgleichen suchen. So gibt es nicht nur runde, viereckige und achteckige Meisterwerke der Steinmetzkunst, sondern Säulen, die wie Korkenzieher geformt sind.

Seit 1949 ist Sankt Sebastian katholische Bischofskirche. In den Jahren 1982 bis 1991 wurde sie umfassend restauriert. Dabei erhielt das Westportal eine reich verzierte Bronzetür. Die Außenseite gestaltete der Bildhauer Jürgen Subert mit Motiven des Alten-, die Innenseite mit Motiven des Neuen Testamentes. Die farbigen Fenster des Chores wie den Altar entwarf Alois Plum.

Das Chorgestühl ist mit geschnitzten Reliefs von den Gebrüdern Winkelmann verkleidet. Diese berichten über das frühe kirchliche Leben Magdeburgs, so über die heiliggesprochenen Erzbischöfe Adalbert und Norbert. Letzterer wurde 1982 zum Patron des Bischöflichen Amtes erhoben. Und seit Januar 1991 befindet sich in Sankt Sebastian eine Reliquie des hl. Norbert.

Bedeutungsvoll ist, daß Georg Rollenhagen, der Rektor des Altstädtischen Gymnasiums, 1573 das Amt des Predigers in Sankt Sebastian übernahm und dieses bis zu seinem Tode im Jahre 1609 ausübte. Da alle anderen Stätten seines Wirkens um 1950 gesprengt worden sind, ist Sankt Sebastian der einzige Originalschauplatz, der an den in der Tradition des Späthumanismus stehenden Universalgelehrten erinnert.

Die Hinterfront der Hauptpost – das rekonstruierte Roch'sche Haus

7 Hauptpost

Wo sich heute mit schmuckreicher Fassade das Hauptpostamt präsentiert, standen bis 1895 zwei markante Bauwerke: die deutschreformierte Kirche und das Roch'sche Haus.

Die dem Apostel Paulus geweihte, zweischiffige Kirche ging im Jahre 1280 ihrer Vollendung entgegen und gehörte zum Kloster der Dominikaner. Nachdem der Mönchsorden im Verlaufe der Religionskämpfe im Jahre 1562 die Stadt verlassen hatte, wurde die Kirche zu vielerlei Zwecken genutzt. 1698 ging sie in den Besitz der deutschreformierten Gemeinde über. In ihr wurden u.a. Friedrich Wilhelm von Steuben, der militärische Berater Washingtons, und Friedrich Friesen, der Adjutant Lützows, getauft. An den Helden der amerikanischen Befreiungskriege erinnert eine Plakette.

Im Jahre 1892 wurde zwischen der reformierten Gemeinde und der Post

Einstiger Kircheneingang der deutschreformierten Kirche

ein Vertrag über den Verkauf des Grundstücks unterzeichnet. Die Gemeinde ließ sich am Rande des heutigen Nordparks eine größere Kirche errichten – die Post am Breiten Weg ihr neues Gebäude. Zuvor mußte auch das Roch'sche Haus weichen. Dieses stammte aus dem Jahre 1595 und galt unter den frühen Renaissancebauten als besonders imposant. Einen Eindruck davon vermittelt noch heute die Rückfront des Hauptpostamtes, wo das Roch'sche Haus als Kopie weiterlebt.

Von der Kirche haben zwei barokkene Türeinfassungen die Zeiten überdauert. Eine befindet sich in der Max-Josef-Metzger-Straße, schräg gegenüber der Kirche Sankt Sebastian, die zweite am Konsistorium – Am Dom 2.

Detail der Hauptpost

Historische Aufnahme vom Roch'schen haus und der deutschreformierten Kirche auf dem Breiten Weg.

Einzig erhalten gebliebenes barockenes Häuserensemble auf dem Breiten Weg 178 und 179

Kokospalme
Kokospalme

Hasselbachplatz – heute

8 Breiter Weg

Manche Städte sind undenkbar ohne ihren Boulevard. Was wäre Paris ohne die Champs Elysées, Berlin ohne die Linden, Barcelona ohne die Rambla?

Ebenso ergeht es den Elbestädtern mit dem Breiten Weg. Ohne ihn wäre Magdeburg nicht Magdeburg.

Ursprünglich gehörte der Breite Weg zur alten Handels- und Heerstraße, über welche der Reisende von Hamburg bis Augsburg und von dort über die Via Claudia bis Verona gelangen konnte. Erst, als der Flecken an den Hängen der Elbe zum Kastell erhoben wurde, aus dem später die Stadt Magdeburg erblühte, erhielt dieser Wegabschnitt seinen Namen.

Am Breiten Weg ist die historische Ausdehnung der Altstadt ablesbar, die sich um 1180 vom „Sudenburger Tor" (Danzstraße/Breiter Weg) bis hin zum „Ratswaageplatz" erstreckte. Und immer, wenn die Ansiedlung wuchs, verlängerte sich der Breite Weg – so im 13. Jh. in nördlicher Richtung bis zum „Krökentor" (Am Krökentor).

Im Jahre 1870 wurde er gen Süden erweitert, was bedeutete, daß das Sudenburger Tor – 1546 als eines der ersten deutschen Renaissancebauten errichtet – weichen mußte. Eine sandsteinerne Relieftafel überlebte dennoch und ist im Klostercafé zu sehen.

Gründerzeitliche Häuserfassade am Breiten Weg – Nähe Hasselbachplatz

Mit dem Abriß des Sudenburger Tores war der Weg frei und die Magistrale erstreckt sich nunmehr bis zum „Hasselbachplatz". Ihre heutige Gesamtlänge beträgt gut 2200 Meter.

Nachdem auch der Breite Weg in den verhängnisvollen Maitagen des Jahres 1631 zerstört worden war,

Hasselbachplatz – einst

erfaßte die Bewohner ab 1725 eine wahre Baulust. Das Ergebnis ging in die Annalen der Kunst- und Architekturgeschichte ein: der Breite Weg avancierte zur schönsten Barockstraße Deutschlands.

Davon allerdings ist nach den Zerstörungen des 2. Weltkrieges, insbesondere jener der Bombennacht vom 16. Januar 1945, kaum noch etwas wahrnehmbar. Einzig die Häuser mit den Nummern 178 und 179 vermitteln einen Hauch jenen barocken Flairs (Foto S. 82/83).

Gegenwärtig präsentiert sich die einstige Prachtstraße ohne besondere Ausstrahlungskraft. Zwar recken sich gründerzeitlich-selbstbewußt mehrere Häuser am Hasselbachplatz, wie hier und da noch einige Bauwerke der älteren Generation, doch weit in der Überzahl sind die faden Neubauten.

Im Nordabschnitt – der Fußgängerzone – hätte es manches zu entdekken gegeben, wären die zerstörten Bauten des Breiten Weges und seiner Nachbarstraßen wieder aufgebaut worden.

Da gab es beispielsweise das Erdmannsdorffsche Theater, in dem Richard Wagner als Kapellmeister wirkte und die Uraufführung seiner

Der Hasselbach-Obelisk befindet sich heute am Haydn-Platz.

Nordabschnitt des Breiten Weges

ersten Oper „Das Liebesverbot“ erlebte; das Altstädtische Gymnasium, das humanistische Bildungsstätte über Jahrhunderte war; die Creutzsche Buchhandlung, wo Wilhelm Raabe bereits als Lehrling zum Schreiben angeregt wurde; die Kirche Sankt Katharina, um die ein beherzter Kampf geführt wurde, an dessen Ende – 1966 – dennoch der Abriß stand; und es gab eine Synagoge. Einzig an Letztere erinnert in der Julius-Bremer-Straße seit dem 9. November 1988 das Denkmal des Bildhauers Josef Bzdok.

Den nördlichen Abschluß des Breiten Weges bildet das 1907 eröffnete „Zentral-Theater“, das heute den Namen Maxim Gorkis trägt. In ihm stand des öfteren der Humorist Otto Reuter auf den Brettern, die die Welt bedeuten.

Ein tausend Jahre alter Weg.

Wäre Tagebuch geführt worden, stünde in ihm auch, daß Markgraf Otto IV. von Brandenburg, in dessen Stirn ein Pfeil steckte, im Jahre 1278 als Gefangener über ihn geführt worden ist. Oder, daß Kaiser Karl IV. am 13. Juni 1377 per Kutsche vom Krökentor zum Dom fuhr.

Eine Geschichte aus dem Jahre 1611 erzählt von der Auferstehung der Frau des Domherrn Heinrich von Asseburg. Ihre Wiedergeburt verdankt die vermeintlich Verstorbene einem Totengräber, der sie ihres Schmuckes berauben wollte. Als er den Sarg öffnete, konnte sie die ungastliche Behausung verlassen und über den Breiten Weg zu ihrem Mann eilen. In ihrem „zweiten Leben“ brachte Frau Asseburg drei Kinder zur Welt.

Der historische Breite Weg.
Fotos Seite 87 von links nach rechts:
Breiter Weg 174–179; Am Sudenberger Tor
Breiter Weg 29–30; Das Haus „Zum 10. Mai“
Baensch'sche Haus; Einmündung in die Alte Ulrich Straße

August Behr.

Conditorei & Cafe

Das Fernmeldeamt in der Listemannstraße, zwischen 1925 und 1927 erbaut, gehört zu den klassischen Beispielen des Neuen Bauwillens. Noch heute präsentiert es sich in seinem betont sachlichen Stil.

9 Fernmeldeamt

Magdeburg wurde in den zwanziger Jahren zur Stadt des Neuen Bauens. Der kunstliebende wie -fördernde Oberbürgermeister Hermann Beims hatte 1921 den Architekten Bruno Taut von der Spree an die Elbe geholt. Zwar gelangte Taut als Stadtbaurat infolge der wirtschaftlichen Situation selber kaum in den Genuß, seine Ideen umzusetzen, dafür schuf er ein geistiges Fundament, das auch nach seinem Abschied weiterwirkte.

Beispiele des Neuen Bauens lassen sich in Magdeburg an mehreren Stellen finden: AOK-Gebäude, Lüneburger Straße 4; Stadthalle; Hermann-Gieseler-Halle; Hermann-Beims-Siedlung und anderes. Ein Musterbeispiel ist das 1925–27 errichtete Fernmeldeamt in der Listemannstraße. An ihm haben sich Tauts Wünsche in Klinkerbauweise materialisiert. Der Bildhauer Fritz Maenicke lockerte mit vier Plastiken die streng-sachliche Fassade auf.

10 Hohepfortewall

Je kräftiger und höher die Stadtmauern, um so sicherer fühlten sich die Bürger. Zwischen 1715 und 1740 wurde Magdeburg zur stärksten Festung Preußens ausgebaut. Nahmen die Wehranlagen 200 ha ein, so maß die Stadt selber nur 120 ha.

Dann kam die Zeit, wo kilometerlange Festungssysteme zugeschüttet und in Parkanlagen verwandelt wurden. Hier und da sind Forts, Bastionen, Wehrtürme, Gräben und Mauerreste zu entdecken. Manchmal erinnern noch Namen an die alte Festungszeit – wie im Falle des Glacis.

Im Park Hohepfortewall steht ein Gedenkstein für das im 19. Jh. abgetragene Tor „Hohe Pforte“, welches passiert werden mußte, wollte jemand

Die Altstadt war von der Neustadt durch die Stadtmauer getrennt. Das Hohe-Pforte-Tor (Foto rechts unten) war Bindeglied.

von der Altstadt in die Neustadt oder umgekehrt.

Flankiert wird der kleine Park von der ehemaligen Kaserne „Mark", die allerdings erst Mitte des vergangenen Jahrhunderts errichtet worden ist.

11 Lukasklause

Wie jede Stadt kann auch Magdeburg auf lichte wie dunkle Schauplätze der Geschichte verweisen.

Einen besonders finsteren stellt das Gebiet um die Lukasklause dar. Eben hier war zu früher Morgenstunde des 10. Mai 1631 der Feind in die bislang unbesiegte Festung eingedrungen.

Gut einhundert Jahre darauf wurde der aus dem 15. Jh. stammende Wehrturm modernisiert und hieß sodann „Festungsturm Preußen". Diesen erwarb, nachdem er jahrelang leer gestanden hatte, im Jahre 1903 der „Künstlerverein Sankt Lukas".

Gegründet worden war der Verein im Jahre 1893 durch den Maler Adolf Rettelbusch, der sechs Jahre zuvor an die Kunstgewerbeschule – Brandenburger Straße – berufen worden war und 1906 zum Professor avancierte. Sein Lehrbuch „Botanik für Dekorationsmaler und Zeichner" fand weite Ver-

Dieses Kanonenrohr ist ein Nachguß des aus dem Jahre 1669 stammenden Originals

breitung. Er selber entwickelte sich vom exzellenten Jugendstilmaler zum hochgeschätzten Landschaftsmaler.

Mit seinem Freund Hermann Beims, beide gehörten dem Vorstand des Kunstvereins an, nahm er Einfluß auf das kulturelle Geschehen Magdeburgs.

1934, kurz vor seinem Tode, überantwortete Adolf Rettelbusch sein künstlerisches Erbe – etwa 4000 Werke – der Stadt. Seiner Bitte, ihm ein Gedächtniszimmer im Museum einzurichten, wurde nicht entsprochen. Im selben Jahr noch setzte der Terror gegen die Freimaurer ein, deren Logenbruder Rettelbusch war. Bis auf den Tag gelten

Den einstigen Festungsturm verwandelte A. Rettelbusch in ein Künstlerdomizil.

die meisten seiner Bilder als vernichtet und verschollen. Da auch weitere Arbeiten – wie die Wandmalereien im Ratskeller oder die Glasfenster im Festsaal der Freimaurerloge „Ferdinand zur Glückseligkeit“ (heute Jugendstilsaal der Stadtbibliothek Wilhelm Weitling) – nicht mehr existieren, ist die von Rettelbusch begründete Lukasklause ein letzter Ort der Erinnerung an diesen zu Unrecht Vergessenen.

Seit 1983 werden die Räumlichkeiten der Lukasklause wieder in traditionellem Sinne genutzt – zu Ausstellungen, Konzerten, Lesungen. Im 1. Stock befindet sich eine Gaststätte.

12 Stadtmauer

War Magdeburg in grauer Vorzeit ringsherum von einer Mauer umgeben, deren ersten Verlauf Königin Editha bestimmt hatte, ist von dieser heutzutage nur noch an wenigen Stellen etwas zu sehen. Der wohl kompletteste Abschnitt befindet sich entlang der Elbe in Höhe der Lukasklause.

Seit 1974 steht dort auf einer zweirädrigen Lafette ein bronzenes Geschütz. Im Jahre 1669 ließen die Magdeburger zwei 24pfündige Geschützrohre – sogenannte „Halbe Kartaunen“ mit einem Kaliber von 15,5 Zentimeter – gießen, welche sie ihrem neuen Landesherrn – Kurfürst Friedrich Wilhelm I. von Brandenburg – als Huldigungsgeschenk übergaben. Da der Kurfürst 1654 den englischen Hosenbandorden verliehen bekommen hatte, wurde das Ordensband gleich mit auf dem Kanonenrohr abgebildet, ziert dieser höchste britische Orden

Die Lukasklause – umgeben von der historischen Stadtmauer

doch seither das brandenburgische Wappen. Die Übersetzung seiner lateinischen Aufschrift lautet: Ein Narr, der etwas Schlechtes dabei denkt.

Und es war Kaiser Wilhelm II., der in seiner Amtszeit veranlaßte, daß vom Originalrohr ein Abguß gefertigt und in den Anlagen des Magdeburger „Kaiser-Friedrich-Museums“ aufgestellt wurde. Eben dieser Bronzenachguß ist nunmehr an der Stadtmauer in Höhe der Lukasklause zu finden.

13 Elbuferpromenade

Die Idee, am Elbufer einen Landschaftspark anzulegen, geht auf Peter Joseph Lenné zurück. Der geniale Gartenarchitekt suchte Magdeburg erstmals 1824 auf, um den Standort für einen solchen zu erkunden. Gefunden hat er ihn einige Kilometer stromaufwärts – in Höhe des einstigen Klosters Berge.

Einhundertfünfzig Jahre später wurde der Wunsch, direkt an der Elbe, unterhalb der historischen Kirchen promenieren zu können, dennoch erfüllt. Nachdem letzte Trümmer beseitigt, planiert und Mutterboden angefahren worden war, wurden Wege gezogen, Bäume, Sträucher wie Blumen gepflanzt, Springbrunnen installiert und Plastiken aufgestellt. Dominant ist der „Fährmann" von Eberhard Roßdeutscher, der nicht nur an die Tradition dieses Berufsstandes erinnert, sondern anhand von fünf Reliefs Magdeburger Stadtgeschichte erzählt.

Seit 1974 ist die Elbuferpromenade ein vielbesuchtes Fußgängerparadies. Die Promenade beginnt vor der Lukasklause mit den Resten des Eisenbahntores der Magdeburg-Wittenberger

Fährmann hol' über

Eisenbahn, führt an Petriförder – der Anlegestelle der „Weißen Flotte" – vorbei, unter der Strombrücke hindurch, an Fußgänger- wie Hubbrücke vorbei, bis hin zum Klosterbergegarten, jener Schöpfung Lennés.

Die Magdeburger Originale von links nach rechts:
Blutappelsine – Fliejentutenheinrich – Feuerkäwer – Lusebenecke – Schlackaffe – Affenvater

14 Magdeburger Originale

Sechs Magdeburger Originale – von Eberhard Roßdeutscher in Kalkstein an der Stadtmauer verewigt – begrüßen den Besucher, wenn er von der Elbuferpromenade her auf das Stadtzentrum zustrebt.

„Blutappelsine“, die rundliche Marktfrau, harrte sommers wie winters hinter ihrem Verkaufsstand am Alten Markt aus. Dabei leuchteten ihre Wangen, wie jene der Orangensorte, die im Korb vor ihr lag.

„Fliejentutenheinrich“ zog mit Fliegenfängern durch die Lande. Schon von weitem erkannten ihn die Magdeburger am wiegenden Gang und dem runden Hut, der an eine Praline denken ließ.

Ihm zu Füßen rekelt sich „Feuerkäwer“, eine Frau mit flammend rotem Haar, die einen kleinen Tabakladen ihr eigen nannte. Vor diesem stolzierten zur Mittagszeit die Männer auf und ab, denn sie wußten, daß Feuerkäwer die Siesta nicht allein verbringen wollte.

Als ständigen Begleiter hatte „Lusebenecke“ einen Hund bei sich. Was beide wohl am meisten verband, war die Scheu vor dem Wasser. Wenn Lusebenecke durch die Altstadt zog, mit Hut, Stock und einem Mantel, der den Gehsteig fegte, hielt jeder gern Abstand.

Immer aufs Neue drehte der „Affenvater“ seinen Leierkasten. Mit einem Äffchen wanderte er von Hinterhof zu Hinterhof, in der stillen Hoffnung, am Abend möglichst viele Geldstücke zählen zu können.

Hoch über allen klammert sich „Schlackaffe“ an einen Fisch, denn das war seine einzige Währung. Wenn er den Fischern half, ihren Fang an Land zu bringen, entlohnten sie ihn mit dem „Silber der Elbe“. Dieses verstaute er in den sackartigen Taschen seiner Joppe, die dadurch verschlackten und voller Elbsilber steckten. Hatte Schlackaffe seinen „Fang“ an die Frau gebracht, verschwand er für den Rest des Tages im Wirtshaus. Seine Lebensmaxime hieß: Geld muß zirkulieren.

Blick auf das historische Kirchenensemble. Im Vordergrund: Sankt Magdalenenkapelle. Dahinter: Sankt Petri und Wallonerkirche.

Am Walloner Berg

15 Wallonerberg

Nördlich der Johanniskirche befand sich vor 1945 das wohl am dichtesten besiedelte Gebiet Deutschlands.

Statistiker sprechen davon, daß 780 Menschen auf dem Raum von einem Hektar zusammenlebten. Im Volksmund sprach man vom „Knattergebirge". Und tatsächlich, dieses Territorium bestand aus mehreren Bergen. Genau genommen aus sieben – dem Johannisberg, Magdalenenberg, Petersberg, Wallonerberg, Faßlochsberg, Tannenberg und dem Tränsberg.

Einen Eindruck, wie es vor den Bombenangriffen des 2. Weltkrieges dort ausgesehen hat, vermittelt die kopfsteingepflasterte Straße des Wallonerberges.

Martin Luther, dessen Denkmal vor Sankt Johannis steht, hat im Jahre 1524 im Augustinerkloster, der heutigen Wallonerkirche, Quartier bezogen.

16 Sankt Magdalenenkapelle

Am Rande des Petersberges wurde im Jahre 1315 zur Sühne eines Hostiendiebstahles eine Fronleichnamskapelle gestiftet.

Papst Urban IV. schenkte 1385 Kapelle wie Petrikirche dem benachbarten Maria-Magdalenen-Kloster, zu dessen Füßen einst eine Straße – das Knochenhauerufer – vorüberführte. Dieses wurde noch zu Zeiten Otto von Guerickes von einer Brücke überspannt, „worüber die Nonnen auß Mariä-Magdalenen-Kloster auf die Stadtmauer spazieren kommen", wie selbiger überliefert hat.

Das Kreuzrippengewölbe wie das Maßwerk der gotischen Fenster sind Zeugen des hohen Könnens der Steinmetze.

Die Sankt Magdalenenkapelle ist seit geraumer Zeit ein Ort der Stille und Besinnung inmitten des großstädtischen Getriebes.

Im Verlauf der Reformation verwandelte man das Kloster in eine Versorgungsanstalt für unverheiratete Bürgerstöchter und in eine Mädchenschule.

Im Mai 1631 wurde auch die Magdalenenkapelle zerstört. Nach einem Dankesgottesdienst anläßlich des Abklingens der Pest, begann im Jahre 1714 ihr Wiederaufbau in dem ihr eigenen Stil vollendeter Hochgotik. Besonders die fünf Chorfenster mit dem grazilen Maßwerk verleihen der Kapelle Eleganz.

Erst nach 1846 konnte das ursprüngliche Kreuzrippengewölbe restauriert werden. Zur gleichen Zeit wurde in die Kapelle eine schmale Orgelempore eingefügt.

Beim Bombenangriff vom 16. Januar 1945 blieb das Gewölbe nahezu unversehrt. Nachdem die Kapelle dennoch jahrelang leer stand, finanzierte in den 60er Jahren die altlutherische Gemeinde die Restauration. Am 3. November 1968 erfolgte die Weihe. Sechzehn Jahre blieben die Altlutheraner in der Magdalenenkapelle, dann suchten sie sich ein anderes Domizil.

In den Jahren 1988/89 wurde die Kapelle erneut restauriert und als Gedenkstätte für den in Magdeburg verstorbenen Lazare Carnot eröffnet.

Am 20. Juni 1991 übergab der Magistrat der Stadt die Magdalenenkapelle dem Hilfswerk Subsidiaris e.V. Die beschauliche Kapelle ist seither täglich geöffnet – als Ort der Stille wie Besinnung.

Hoch oben auf dem Petersberg erhebt sich Sankt Petri

17 Sankt Petri

Sankt Petri wartet im Westen mit früher Romanik und im Osten mit später Gotik auf. Somit ist das sinnliche Spannungsgefälle ein gewaltiges.

Die Kirche erhebt sich auf dem Petersberg und wirkt von den erhalten gebliebenen Gotteshäusern der Altstadt am betagtesten. Der massive Turm, bestehend aus groben Bruchsteinen, erinnert an einen Wehrturm. Erst am oberen Geschoß weist er romanische Fenster auf. Genaue Hinweise zur Entstehungszeit fehlen, doch wird angenommen, daß der Turm um 1150 errichtet worden ist.

Das zu ihm ein wenig versetzte Langschiff (32 m lang, 22 m breit, 16 m hoch) wurde ab 1380 angefügt, nachdem man den romanischen Vorgänger abgerissen hatte. Es handelt sich um einen dreischiffigen Hallenbau ohne Querschiff. Der Chor schließt sich somit unmittelbar an das Langschiff an. Vor dem letzten Krieg verfügte er über einen reich verzierten Gewölbeabschluß, wie er überhaupt zu den vollendetsten Bauten der Gotik gehörte. Einzig Bruchkanten erinnern heute daran. Die Fenster recken sich dafür wieder in die Höhe und erblühen in herrlichem Maßwerk. Für sie schuf um 1970 Charles Crodel wahre Glasteppiche, die von der Firma Kraus, Weimar, ausgeführt wurden. Sein meisterliches Spätwerk hat Crodel leider nicht mehr gesehen – er verstarb 1973. An der Südfassade der Petrikirche ist auf eine Vorhalle zu achten, deren Vorderseite mit Backsteinen verziert ist. Baumeister aus Tangerhütte und Stendal haben um 1480 hier ihre Visitenkarte hinterlassen.

Erinnert sei an einen Pfarrer von Sankt Petri – Johannes Pomarius. Er gab 1588 die „Chronik der Sachsen und Niedersachsen“ heraus. Auf ihn geht womöglich der heute feste Begriff „Kirchenjahr“ zurück.

Hingewiesen sei auch auf den Komponisten Johann Heinrich Rolle, der von 1734 bis 1737 in der Petrikirche die Orgel spielte. Rolle begründete 1764 in Magdeburg eine Konzertreihe, für die er bis zu seinem Tode – 1785 – „Musikalische Dramen“ komponierte.

Im Januar 1945 sank auch die Petrikirche in Schutt und Asche. Wiederaufgebaut, wurde sie am 22. November 1970 als katholische Gemeindekirche geweiht.

18 Wallonerkirche – Sankt Augustini

Zu Zeiten, als der Bund der Hanse bedeutungsvoll wurde, Magdeburg in diesem eine immer wichtigere Rolle zu spielen begann, gründete Erzbischof

Erich im Jahre 1285 ein Augustinerkloster.

Ab 1400 signalisiert das typische, aus profilierten Sandsteinteilen zusammengefügte Kirchtürmchen, daß hier der Augustinerorden sein Domizil aufgeschlagen hat. Ein abschließender Westturm, wie allgemein bei Kirchen üblich, durfte nach den Ordensregeln nicht errichtet werden. Dafür lassen zwei hohe Fenster das Licht der Abendsonne in die dreischiffige Hallenkirche hinein.

Das Kirchenschiff (35 m lang, 21 m breit, 20 m hoch) einst in ausgereiftem gotischen Stil errichtet, weist heute eine Flachdecke auf. Es schließt sich, ohne Querschiff, der Chor an, welcher 27 m lang, aber nur 10 m breit ist. Dennoch vermittelt er ein außergewöhnliches Raumgefühl. Südlich des Chores befindet sich eine kleine Kapelle mit Kreuzrippengewölbe.

Die Augustinerkirche ist eng mit der Geschichte der Reformation verbunden. Mehrmals hat Martin Luther hier gepredigt – erstmals 1516. Im Jahre 1524 bezog er für mehrere Tage in einer Klosterzelle sogar Quartier. Nachdem er in Sankt Augustini gepredigt hatte, wurde er von den Stadträten gebeten, auch in der weit größeren Johanniskirche auf die Kanzel zu steigen. Das tat Luther am 26. Juni 1524. In den Annalen ist vermerkt, daß in jenen Tagen der Sieg des neuen Glaubens in Magdeburg errungen ward.

Waren es die Augustinereremiten in ganz Europa, die zuerst Luthers Lehre verkündeten, so bewirkten sie in Magdeburg, daß an mehreren Kirchen evangelisch gepredigt wurde. Das Kloster wurde in ein Armenhospital umfunktioniert.

Nachdem in den Maitagen des Jahres 1631 von Sankt Augustini nur das Dach abbrannte, war sie die einzige Altstadtkirche, in der sich Überlebende zum Gottesdienst versammeln konnten. Als infolge Kriegsspätschäden, 1639 Steine und Kalkbrocken auf die Gemeinde herabstürzten, mied man sie fortan.

Aufgehalten wurde ihr vollständiger Verfall durch den Umstand, daß sich ab 1686 etwa 2500 Hugenotten, Pfälzer und Wallonen in Magdeburg niederlassen durften. Nachdem Kurfürst Friedrich III. den Wallonen die Kirchenruine überantwortet hatte, bauten sie diese in vier Jahren wieder auf. Seither trägt sie den Namen der Wallonen und gehört heute der evangelisch-reformierten Gemeinde.

Nachdem die Heiliggeistkirche im Jahre 1959, Sankt Ulrich 1956 und Sankt Katharina 1964 – ihre Türme wurden zwei Jahre später abgetragen – gesprengt worden waren, fanden fünf Gemeinden der Altstadt – seit 1950 zur Altstadtgemeinde vereint – ihr neues Domizil mit unter dem Dach der Wallonerkirche.

Die Wallonerkirche

19 Sankt Johannis

Seit dem 16. Januar 1991 gibt es ein Kuratorium, welches sich für den Wiederaufbau der Johanniskirche – dieses steinernen Geschichtsbuches – einsetzt.

Während sich um Pfalz und Dom das Regierungsviertel des Erzbistums etablierte, wuchs im Schutze der Markgrafenburg die kaufmännische Siedlung heran. Am Alten Markt

wurde um 936 eine Pfarrkirche errichtet.

Im Jahre 1170 wird die romanische Volks- und Marktkirche dem Evangelisten Johannes zum Schutze anempfohlen. Beim Großfeuer von 1207 wird auch sie ein Opfer der Flammen. 1208 beginnt ihr Wiederaufbau. Am 22. Juli 1451 schlägt ein Blitz in den Nordturm, der einen neuerlichen Brand auslöst.

Um diese Zeit weilte Kardinal Nikolaus von Cusa, einer der bedeutendsten Denker Deutschlands, in Magdeburg. Er, dessen Ideen Giordano Bruno wie Gottfried Wilhelm Leibniz beeinflußten, hielt eine Provinzialsynode ab und bewirkte, daß die Hälfte des Ablasses für den Wiederaufbau der Johanniskirche genutzt wurde. Mit anderen Spenden war damit so viel Geld vorhanden, daß das Langhaus instand-

gesetzt, Gewölbe eingezogen, der Turm erhöht und die Fenster mit Maßwerk geschmückt werden konnten. Als krönenden Abschluß erhielt Sankt Johannis 1453 die filigrane, spätgotische Vorhalle.

Nachdem 1631 auch Sankt Johannis in Schutt und Asche gefallen war, kam der Wiederaufbau nur zögerlich voran. Die Spendenfreudigkeit war 1666, als Bürger der Stadt mit Kollekten für Sankt Johannis durch Europa reisten, nahezu verebbt. Da half es wenig, daß sich als erster der Große Kurfürst in das Kollektenbuch eingetragen hatte.

Am 1. Advent 1670 konnte die Kirche dann allerdings doch geweiht werden. Und der kurz zuvor bei Tobias Wilhelmi in Auftrag gegebene Altar, war sogar fertig geworden. Derselbe Meister schuf wenig später auch die Kanzel wie den Prospekt für die neue Orgel, welche die Stadtväter – auf Empfehlung der Familie Guericke – bei dem Orgelbauer Arp Schnittker in Hamburg bestellt hatten.

Die Schnittkerorgel erklang erstmals im Jahre 1695. Ein bedeutendes Instrument erfordert allenthalben auch Meister, die es zu bedienen verstehen. Ab 1745 war es Heinrich Rolle.

Sankt Johannis und die Musik – das ist ein ganz eigenes Kapitel. Nur daran sei noch erinnert: im Jahre 1881 erklang in dieser Kirche im Beisein ihres Schöpfers, Franz Liszt, die „Ungarische Krönungsmesse“.

Seit dem Ende des 2. Weltkrieges ragt von der Johanniskirche neben den Doppeltürmen nur noch das äußere Mauerwerk gen Himmel. Von den Arbeiten des Barockmeisters Wihelmi überlebte einzig der jünglingshafte Kanzelträger (Seite 102). Er steht im Raum unterhalb der Türme, der nebst restaurierter Vorhalle seit 1979 als Ausstellungsstätte fungiert. Im Tiefgeschoß wird der Opfer der Bombenangriffe, insbesondere jener des 16. Januar 1945, gedacht.

Im zerbombten Kirchenschiff ist „Der Gekreuzigte“ von Fritz Cremer aufgestellt, in der Vorhalle seit 1989 die restaurierte „Trauernde Magdeburg“. Nach einer wahren Odyssee, fand sie hier einen würdigen Platz. Der Südturm der Johanniskirche kann bestiegen werden.

1453 erhielt Sankt Johannis diese filigrane Vorhalle

Für das Hauptportal schuf Heinrich Apel eine mit symbolhaften Darstellungen reich verzierte Tür wie zwei freistehende Plastiken, die den Eingang flankieren.

Das Denkmal Martin Luthers erinnert seit 1886 daran, daß der Reformator hier am 26. Juni 1524 predigte. Tausende waren zusammengeströmt, um der „Wittenberg'schen Nachtigall“ zu lauschen. Die überlebensgroße Plastik stammt von Emil Hundrieser.

Blick von der Elbuferpromenade

20 Rathaus

Die Baugeschichte des Rathauses reicht bis ins 12. Jh. zurück. Als 1238 erstmals Ratsmitglieder gewählt worden waren, wurden ihnen im Kürschnerinnungshaus Räume zugewiesen.

Im Jahre 1293 brannte das Haus nieder, und man errichtete auf seinen Grundmauern das erste Magdeburger Rathaus. In diesem gotischen Bau wurde 1325 der gefangen genommene Erzbischof Burchard III. von aufgebrachten Bürgern erschlagen, was den Papst veranlaßte, über Magdeburg den Bann zu verhängen. Noch heute trägt im „Ratskeller" jenes seitlich gelegene Tonnengewölbe, in welchem die Tat geschah, die Bezeichnung „Bischofssaal".

Unauslöschlich verbunden mit dem alten Rathaus ist auch Till Eulenspiegel, der auf dem Dach umherschritt und den Magdeburgern verkündete, von dort oben herunterzufliegen – wie ein Vogel.

Nach dem Dreißigjährigen Krieg mußten die Bürger Jahrzehnte ohne eigentliches Rathaus auskommen. Erst 1691 begann Festungsbaumeister Heinrich Schmutz mit einem Neubau. Vom Grundriß – der eine eigenwillige dreischiffe Kammform aufweist – bis zur heute noch erhaltenen Westfassade, schuf er einen Prachtbau im Stile der italienischen Renaissance.

Im 2. Weltkrieg stark in Mitleidenschaft gezogen, wurde das Rathaus, welches ein architektonisches Bindeglied zwischen Renaissance und Barock darstellt, in mühevoller Kleinarbeit restauriert. Heute ist es wieder Sitz der Stadtregierung.

Der Marktplatz wird von den letzten Strahlen der untergehenden Sonne ausgeleuchtet. Die Händler haben gerade ihre Waren und Stände eingepackt und sind nach Hause gefahren. Aber schon am nächsten Tag wird das Treiben seine farbenfrohe Fortsetzung finden.

Reiterstandbild

Till Eulenspiegel

Dr. Eisenbarth

21 Denkmale

Das um das Jahr 1240 geschaffene REITERSTANDBILD Ottos des Großen. Es war Symbol für die Bürger, dem Kaiser Untertan zu sein und nicht dem Erzbischof.

Im Kriegsjahr 1942 wurde Otto I. samt der beiden Schildträgerinnen heruntergenommen und ausgelagert. Nach umfangreicher Restauration durch Fritz Maenicke wurden sie im Museum (siehe Seite 73) plaziert.

Heinrich Apel schuf eine Kopie. Seit August 1966 steht dieser Bronzeguß auf dem Alten Markt.

Von dem selben Bildhauer stammt der in Muschelkalk ausgeführte EULENSPIEGELBRUNNEN. Hoch oben auf der Säule steht der Held aus dem alten Volksbuch, der den Magdeburgern glaubhaft zu versichern wußte, wie ein Vogel fliegen zu können. Jung und alt strömte auf dem Alten Markt zusammen. Doch anstatt eine Sensation zu erleben, bewies ihnen der Possenreißer auf unmißverständliche Weise, daß er keineswegs der einzige Narr auf Erden sei.

Aus den Trümmern des 2. Weltkrieges wurden auch Hauszeichen geborgen. Vierzehn stadtbekannte Adressen sind an der HAUSZEICHENWAND vereint.

Das Hauszeichen „Zum Gülden Apfel" findet sich an der Rückfront „Bei der Hauptwache". Es erinnert an ein Wohn- und Brauhaus, das der berühmte DOKTOR EISENBARTH im Jahre 1703 für 3100 Taler erwarb. Die Stelle, wo einst dieses Haus stand, markiert seit 1939 ein Brunnen, geschaffen von Fritz v. Graevenitz, in dessen Relieftafeln das Doktor-Eisenbarth-Lied verewigt ist.

Dem wohl berühmtesten Magdeburger Sohn – OTTO VON GUERICKE – ward im Jahre 1907 von Karl Echtermeyer ein Denkmal gesetzt. Zu Füßen des Universalgelehrten, der nach dem Dreißigjährigen Krieg über drei Jahrzehnte Bürgermeister war, liegen die weltbekannten MAGDEBURGER HALBKUGELN. Aneinandergelegt und luftleer gepumpt vermochten es sechzehn Pferde nicht, sie auseinanderzureißen.

Otto von Guericke mit den Magdeburger Halbkugeln

Hauszeichen aus den historischen Straßen

Karl Veit Riedel
WORPSWEDE
In Fotos und Dokumenten
Der Autor teilt die Entwicklung des Künstlerdorfes in sechs Abschnitte, die sich bis auf das Jahr 1989 beziehen. Auf den folgenden 80 Seiten wird diese Geschichte an Hand von Fotos und Dokumenten visualisiert.
156 Seiten, 178 s/w Abb.
DM 16,80
ISBN 3-88 132 232-9

Rainer Maria Rilke
OTTO MODERSOHN
Der Original-Rilke-Text der Worpsweder-Monographie mit einem Nachwort von Dr. Helmut Naumann.
Zu Otto Modersohn hatte Rilke in und nach seiner Worpsweder Zeit eine besondere Beziehung. Hier trafen zwei Menschen zusammen, die ihre Kunst gegenseitig besprachen und respektierten.
108 Seiten, 40 Farbabb.
DM 16,80
ISBN 3-88 132 240-X

Heinrich Vogeler
WERDEN
Hrsg. von P.-G. Wentzlaff und Joachim Priewe. Die fragmentgebliebene Autobiografie, die in ihrer Ehrlichkeit zu den bewegendsten Lebenserinnerungen dieses Jahrhunderts gehört, wird um zahlreiche in den letzten Jahren aufgefundene Briefe und Dokumente ergänzt.
616 Seiten, **DM 48,—**
ISBN 3-88 132 100-4

H. Wöbbeking/H.-J. Krenzke
MECKLENBURG-VORPOMMERN
Ein Fotobuch
Das Land der tausend Seen und der Ostseeküste wurde behutsam vom bekannten Fotografen Wöbbeking mit seiner Kamera eingefangen. Keine schnellen Fotos, sondern bedachte, einfühlsame Fotografie. Der Magdeburger Schriftsteller H.-J. Krenzke kennt das Land, das jahrelang seine Heimat war. Ein informatives Bilderbuch, fast ein Reiseführer. 50 Seiten, 40 Farbabb.
DM 14,80
ISBN 3-88 132 158-9

B. Bohn/V. Bomber/W. Karge
AHRENSHOOP
Eine Künstlerkolonie an der Ostsee
Erstmalig wird hier an Hand eines umfassenden Textes und einer Vielzahl von farbigen Abbildungen die bislang kaum bekannte Geschichte eines bedeutenden Künstlerortes dargestellt.
120 Seiten, 70 Farbabb.
20 s/w Abb., Sachregister
DM 14,80
ISBN 3-88 132 242-6

W.-D. Stock/W. Wischnowski
FISCHERHUDE
Künstler in der Stille
In Kleinarbeit wurde von beiden Autoren der Nachweis erbracht, daß Fischerhude eine Vielzahl von Künstlern mit eigenständigem Stil hervorgebracht hat. Mit Lexikonteil.
128 Seiten, 138 Abb.
DM 16,80
ISBN 3-88 132 163-2

VERLAG ATELIER IM BAUERNHAUS
In der Bredenau 5
DW-2802 Fischerhude
Tel.: 0 42 93/6 71 und 76 57
Telefax: 0 42 93/12 38
Wenn Sie noch mehr über uns wissen wollen, schreiben Sie uns einfach.

Helmut Naumann
RAINER MARIA RILKE UND WORPSWEDE
Was hat der Aufenthalt in Worpswede bei R. M. Rilke tatsächlich ausgelöst? Der Autor hat sich das dichterische Werk Rilkes vorgenommen und auf dieser Grundlage sein Verhältnis zu den Künstlern und insbesondere zu Paula Modersohn-Becker und seiner späteren Frau, Clara Westhoff, herausgearbeitet.
80 Seiten, 23 Abb.
DM 14,80
ISBN 3-88 132 214-8

Lisa Jürß
CARL MALCHIN
In ihrer Monographie schildert die Autorin die wichtigsten Stationen aus der Karriere des Künstlers, der sich als unermüdlicher Beobachter Mecklenburgs erweist. Seine stimmungsvollen Landschaften wußte Carl Malchin, der zeitweise auch in der Künstlerkolonie Ahrenshoop arbeitete, durchaus mit einem wachen Blick für soziale Realitäten zu verbinden.
DM 14,80
ISBN 3-88 132 246-9

PAULA MODERSOHN-BECKER
Ein Buch der Freundschaft.
Der frühe Tod Paulas hat viele, die sie kannten, tief bewegt. Die ersten Begegnungen mit ihrem Nachlaß hat gute Freunde bewogen, ihr ein Buch zu widmen. Aktualisierte Neuauflage von 1932.
80 Seiten, geb. **DM 28,—**
ISBN 3-88 132 138-1

Toma Babovic
RÜGEN
Ein Foto-Text-Buch
Auf Schritt und Tritt ist die Tradition auf Rügen zu Hause. Insel größter landschaftlicher Vielfalt. Das merkt man den Fotos von Babovic an. Seine Fotoreportagen sind u. a. auch durch den „Stern“ bekannt.
48 Seiten, 40 Farbabb.
Hardcover **DM 14,80**
ISBN 3-88 132 159-4

Inselspaziergang

1 Park „Am Wall"

Den Auftakt zum Inselspaziergang bildet der Park „Am Wall" auf dem Gelände der alten Festungsanlage.

Auf der höchsten Erhebung steht ein Monument für die Gefallenen der Kriege 1866 und 1870/71. Ein zweites Denkmal, eine Porträtplastik von Ernst Habs, erinnert an den Magdeburger Karl Friedrich Friesen, der Adjutant des Schwarzen Hussaren Lützow war und in der Nähe von Reims fiel.

Da niemand sagen konnte, wo sich sein Grab befände, begab sich Friesens

Freund, August von Vietinghoff, auf die Suche. Beide hatten sich geschworen, daß, wenn einer aus dem Leben ginge, der andere den Leichnam des Gefallenen in heimatliche Erde überführen würde. Erst am 5. Dezember 1816 konnte Vietinghoff die Grabstätte in La Lobbe ausfindig machen. Er behielt allerdings zunächst die sterblichen Überreste des Freundes, wohl wie eine Reliquie, bei sich, bevor Karl Friedrich Friesen im Januar 1843 seine endgültige Ruhestatt auf dem Ivalidenfriedhof zu Berlin fand.

Das älteste erhaltene Stadttor

2 Vogteigarten

Der Vogteigarten wird vom „Fürstenwall“ und der östlichen Barockhäuserzeile des Domplatzes eingefaßt.

Dieser reizvolle Park kann nur betreten werden, so man das älteste erhaltene Stadttor Magdeburgs passiert. In Festungszeiten wurde es ab 1493 von jenen benutzt, die zum nahe gelegenen Kloster Berge wollten.

3 Fürstenwall

Die hoch über der Elbe gelegene Promenade mit dem Namen „Fürstenwall“ hält die Erinnerung an ihren Schöpfer Leopold von Anhalt-Dessau wach.

Seit 1550 verlief zur eigentlichen Stadtmauer eine zweite, parallele Festungswand. Den Raum zwischen beiden ließ der „Alte Dessauer“ um 1720 verfüllen. Planiert und begehbar

Auf dem Fürstenwall wurden unmittelbar vor dem Festungsturm „Kiek in de Köken“ Plastiken aufgestellt, die man aus den Trümmern der zerbombten Stadt geborgen hat.

gemacht, hatte er damit die erste öffentliche Promenade Deutschlands geschaffen.

Einst wurde diese von fünf Festungstürmen flankiert. Nur zwei von ihnen haben die Zeiten überdauert. Präsentiert sich der eine als Ruine, so der andere in neu gewonnener Schönheit. Dieser trägt den Namen „Kiek in de Köken“, denn sein Wachposten konnte beobachten, was aus der erzbischöflichen Küche in den Palast getragen wurde.

Als prominenteste Spaziergängerin auf dem Fürstenwall gilt noch heute Königin Luise.

4 Hubbrücke

Die Elbe, dieser zweitgrößte Strom Deutschlands, ist ein Fluß mit beachtlichen Extremen. Ihr Pegelmittelwert liegt bei 2,19 Meter, doch wartet sie ab und an mit Fluten auf – oder trocknet nahezu aus. So stieg das Wasser im Jahre 1941 bis über 7 m an. Im Sommer 1954 hingegen maß der Pegel ganze 50 cm. In diesem Falle präsentiert sich der von den Schiffern gefürchtete Domfelsen in voller Größe.

Als im Jahre 1846/47 die Berlin-Potsdam-Magdeburger Eisenbahngesellschaft den Auftrag für einen Elbbrückenbau vergab, galt es, die unterschiedlichen Wasserstände zu berücksichtigen. Ein Wunder der Brückenbaukunst entstand, denn die Ingenieure kamen auf die Idee, eine drehbare Brücke zu konstruieren.

1895 wurde der Drehpfeiler beseitigt und eine 33 m lange Hubbrücke eingefügt. Bei anschwellendem Wasser, vermochte man diese hydraulisch hochzuheben – und die Schiffe konnten passieren. Als 1934 weitere Pfeiler weichen mußten, wurde ein 90 m langes Hubbrücken-Segment montiert. Dieses ist 400 Tonnen schwer, kann allerdings binnen fünf Minuten auf 2,87 Meter angehoben werden.

Die Hubbrücke Magdeburgs gehört zu den ältesten Spezialbrücken Europas. In erster Linie ist sie nach wie vor für den Eisenbahnverkehr gedacht. Doch auch Fußgänger können sie benutzen.

Eine der ältesten Spezialbrücken Europas verbindet die Ufer der Elbe.

5 Seitenradschleppdampfer „Württemberg"

Im Jahre 1974 erhielt die „Württemberg" ihr wohlverdientes Ruheplätzchen. Hochwasser kam ihr dabei zu Hilfe, und als bei Elbkilometer 325 die Wiesen wieder zum Vorschein kamen, lag der Seitenradschleppdampfer dort, wo er noch heute zu finden ist.

Mit seinen 63,80 m in der Länge und 15,17 m in der Breite – einschließlich der Radkästen – war er im März 1909 auf der Werft zu Roßlau vom Stapel gelaufen. Neben dem Kapitän taten zwei Steuermänner, zwei Bootsmänner, ein Maschinist und vier Heizer auf dem Dampfschiff Dienst. Letztere hatten die härteste Arbeit zu verrichten.

Dieser Dampfer birgt heute Museum wie Gaststätte.

Ging es stromauf, so mußten in einer Stunde bis zu 300 Kilo Kohlen aus dem Bunker in die Kessel geschippt werden.

Die „Württemberg“ befuhr die 668 km lange Strecke zwischen Hamburg und Aussig. Im Verlaufe ihrer Dienstzeit legte sie gut 800 000 Kilometer auf der Elbe zurück, wobei ihre Maschine mit 625 PS fünf bis sechs Kähne zu ziehen vermochte, auf denen eine Last von 3600 Tonnen verteilt war.

Längst ist unter die Epoche der Dampfschiffahrt auf der Elbe ein Schlußstrich gezogen worden. Die „Württemberg“ präsentiert sich nunmehr als Schiffsmuseum. Unter Deck etablierte sich außerdem eine Gaststätte.

Die einstige Zufahrt zur Deutschen Theater-Ausstellung

Lichtsäulen setzten 1927 die Deutsche Theaterausstellung ins richtige Licht.

6 Stadthalle

Auf der Elbinsel Rotehorn wurde für die „Deutsche Theater-Ausstellung Magdeburg 1927" ein einzigartiges Ensemble des Neuen Bauwillens geschaffen.

Die Gesamtkonzeption wurde dem in Darmstadt tätigen Prof. Albinmüller übertragen. Die Stadthalle – den markantesten Bau – schuf Johannes Göderitz. Nachdem am 21. September 1926 der erste Spatenstich erfolgt war, konnte die 3300 Menschen fassende Halle bereits am 28. Mai 1927 – nach nur 249 Tagen – ihrer Bestimmung übergeben werden.

Der angrenzende AUSSICHTSTURM ragt 60 m in die Höhe; 45 m lang ist sein Schaft, gegossen aus Eisenbeton. 89 neun Meter lange Betonpfähle, die mit 2,5 mm starken Blechmänteln umhüllt sind, wurden auf einer Fläche von 12 x 12 Metern in den Boden getrieben. Auf ihnen erhebt sich noch heute der Turm, von dem ein herrlicher Blick über Insel wie Stadt genossen werden kann.

Das Pferdetor vom Aussichtsturm aus gesehen

Der Aussichtsturm geht auf eine Idee Albinmüllers zurück. Möglicherweise wollte er ein Pendant zum Hochzeitsturm in der Darmstädter Jugendstilsiedlung „Mathildenhöhe“ schaffen, wie er zu seinem dortigen Löwentor in Magdeburg das PFERDETOR errichten ließ.

Hinter dem allgegenwärtigen Pferdetor erhebt sich der Aussichtsturm.

7 Adolf-Mittag-See

Dort, wo die wunderschöne Wassergöttin Elwine einst ihr korallenrotes Muschelhorn niederlegte, befindet sich noch heute die Insel Rotehorn.

Das Eiland ist 208 Hektar groß und wieder und wieder von Überschwemmungen bedroht. Trotzdem verwandelte im Jahre 1871 der Gartendirektor Paul Niemeyer 25 Hektar davon in den ersten STADTPARK. Zwanzig Jahre später ging Johann Gottlieb Schock mit großem Geschick daran, das gesamte vom Wasser umspülte Land als Park zu gestalten. Zum Mittelpunkt seiner grünen Insel be-

Traumhafte Brücken führen im Park zur Marieninsel

Bootspartie auf dem Adolf-Mittag-See

Jugendstiltempel auf der Marieninsel

Auf der Terrasse am Adolf-Mittag-See

stimmte der in Wörlitz Geborene einen künstlich gespeisten See.

Adolf Mittag war es, der das notwendige Geld dafür zur Verfügung stellte, und so trägt der See seinen Namen. Innerhalb des Sees, der mit Booten befahren werden kann, gibt es zwei Inseln, welche über malerische Holzbrücken zu erreichen sind. Eine der Inseln trägt den Namen Marias. Auf ihr lädt ein Jugendstiltempel zum Verweilen ein.

Stellt der Adolf-Mittag-See die Perle des Stadtparks dar, so ist die Terrasse seine gelungene Einfassung. Unter alten Bäumen kann man sich an einem der zahlreichen Tische niederlassen – geradeso wie in einem Münch'ner Biergarten.

Foto Seite 124/125
Allee im Stadtpark Rotehorn

8 Zollbrücke

Die Zollbrücke ist eine der älteren Brücken Magdeburgs. Von ihren sandsteinernen, vom Umweltschmutz arg in Mitleidenschaft gezogenen vier Plastiken – Schiffahrt, Handel, Maschinenbau und Landwirtschaft darstellend – wurde vor Jahren eine vom Sockel gestoßen. Die im klassischen Sinne erbaute Brücke überspannt die Zollelbe, an welcher sich einst der Zoll-Hafen befand.

Zum Stadtpark hin, weitet sich der 1842 angelegte Winterhafen. An dessen Ufer erhob sich die berüchtigte Magdeburger Zitadelle, die über Jahrzehnte als sicheres Staatsgefängnis diente. Neben Unbekannten, mußten auch etliche Berühmtheiten als Häftling in ihr Quartier beziehen. U.a. Fritz Reuter, der in seinem Roman „Ut mine Festungstid" über den Magdeburger Zwangsaufenthalt Auskunft gibt; Werner Siemens, der in seiner Zelle weiter experimentieren durfte; Joséf Ignacy Kraszewski, der Schöpfer der berühmten Sachsentrilogie, zu der „Gräfin Cosel", „Brühl" wie „Der Siebenjährige Krieg" gehören; Josef Pilsudski, dem kurz nach seiner Entlassung das Amt des Polnischen Staatspräsidenten zugesprochen wurde.

Eine Ecke von der Magdeburger Zitadelle ist noch heute von der Zollbrücke aus zu erkennen, so man sich – stadteinwärts gewandt – auf ihrer linken Seite befindet.

Reges Treiben herrschte einst auf der Elbe

9 Obelisk

Mit dem Jahr 1866 begann für die Wasserstraße Elbe die Epoche der Kettenschiffahrt. Zwischen den Magdeburger Stadtteilen Buckau – wo seit 1837 Dampfschiffe gebaut wurden – und Neustadt, zog sich zunächst ein Versuchsschiff an einer im Fluß versenkten Kette mühelos den Strom hinan.

Im Jahre 1872 reichte die Kette auf dem Elbgrund bereits bis Aussig, 1874 bis Hamburg. Achtundzwanzig Kettendampfer mühten sich, Karawanen von Lastkähnen den „Berg" hinaufzu ziehen. Insgesamt ist die Strecke von Hamburg bis Böhmen 668 Kilometer lang. Magdeburg liegt in der Mitte – genauer gesagt bei Elbkilometer 326.

Schwierigkeiten bereiteten neben Untiefen insbesondere Krümmungen im Flußlauf. Sie zu beseitigen, oblag zwischen 1866 bis 1880 dem Elbstrom-Bauingenieur Theodor Kozlowski. Ihm zu Ehren wurde am Elbufer – heute an der Einfahrt zum Stadtpark Rotehorn gelegen – am 7. Juli 1900 ein Obelisk enthüllt.

Obelisk für Theodor Kozlowski

Die Strombrücke – der Balkon Magdeburgs

10 Strombrücke

Die Strombrücke ist so etwas wie der Balkon Magdeburgs. Zu beiden Seiten eröffnet sich ein phantastisches Panorama auf die altehrwürdige Stadt.

Bereits im 13. Jh. besaß Magdeburg an diesem Elbabschnitt eine Brücke. Wie die Chronik berichtet, ist sie im Winter 1275, als sich ein Prozessionszug über sie hinwegbewegte, eingestürzt, und über dreihundert Menschen ertranken.

Am 16. April 1945 wurden alle Magdeburger Elbbrücken zerstört. Auch die im Jahre 1862 vom Oberbür-

Von der Strombrücke, dem Balkon der Elbestadt, eröffnet sich ein einzigartiges Panorama. Hinter der Uferpromenade erheben sich die Kirchen Sankt Johannis, die Magdalenenkapelle, Sankt Petri und Sankt Augustini – die heutige Wallonerkirche.

Zur entgegengesetzten Seite der Strombrücke fällt der Blick auf die Türme des Klosters Unser Lieben Frauen wie des Domes.

germeister Hasselbach übergebene Strombrücke. Eine Behelfsbrücke wurde geschaffen, über die ab 29. April 1946 sogar die Straßenbahn wieder fahren konnte.

Nachdem sie für fast zwei Jahrzehnte das Verbindungsglied zwischen Ost- und Westelbischem blieb, wurde im Oktober 1965 die heutige Strombrücke für den Verkehr freigegeben. Diese ist fast 260 m lang, 30 m breit und überspannt die 120 m breite Elbe ohne jeden Stützpfeiler.

Foto Seite 130/131
Im Stadtzentrum am Springbrunnen

Abendstimmung im Stadtzentrum

11 Zentrum

Führen viele Wege nach Rom, so etliche zu Magdeburgs zentralem Platz mit dem Springbrunnen.

Weiträumigkeit und Häuserkulisse aus den 50er Jahren rufen keinerlei Erinnerung an das alte Magdeburg wach. Auch die schlanken Türme der Ulrichs-Kirche können beim Orientieren nicht mehr helfen. Sie, die so markant über dem Dächermeer hervorlugten, wurden am 10. Mai 1953 gesprengt.

Sankt Ulrich, die zweitälteste Pfarrkirche der Stadt, verhalf Magdeburg zu dem ehrenvollen Beinamen „Unseres Herrgotts Kanzlei“. Unter dem Dach ihrer Pfarrei wurden 1550 die berühmten Streitschriften für die Reformation verfaßt, und wenig später das Manuskript der „Magdeburger Zenturien“ zusammengestellt.

Dem Portal von Sankt Ulrich genau gegenüber, stand das Hotel „Magdeburger Hof“, in welchem u.a. Hans Albers, Albert Bassermann, Wilhelm Furtwängler, Heinrich und Thomas Mann, Anna Pawlowna, Cosima und Siegfried Wagner wie Johann Strauß wohnten.

Dieser bronzene Hut öffnet den Weg in ein Kunstparadies.

1 Plastik-Sammlung

Reichen die Traditionslinien der Bildhauerkunst in Magdeburg bis ins 12. Jh. zurück, gehörte eben diese Tradition zu den Gründen, hier im Jahre 1976 eine Plastik-Sammlung anzusiedeln. Als architektonischer Rahmen ward das Kloster Unser Lieben Frauen ausersehen, insbesondere das 360 Quadratmeter große Gewölbe des Winterrefektoriums.

Man beschränkte sich zunächst auf Kleinplastiken, erweiterte indes im Oktober 1989 die Sammlung auch auf Großformatiges. Die Neuerwerbungen wurden unter freiem Himmel auf dem Gelände rings um das Kloster aufgestellt.

Insgesamt umfaßt die einstige „Nationale Sammlung der DDR" etwa 1000 Plastiken. Es befinden sich Arbeiten von Ernst Barlach, Theo Balden, Rudolf Bosselt, Hermann Glöckner, Katharina Heise, Will Lammert, Wilhelm Lehmbruck, Karl Müller, Gustav Seitz und Willy Wolff darunter.

Die erste Plastik, die das Kloster Unser Lieben Frauen nach der Wiedervereinigung Deutschlands erhielt, war im Juni 1991 die „Halberstädter Figur" von Hans Scheib. Der Bildhauer ließ diese im Jahre 1982 in Gips geschaffene Arbeit zurück, als er drei Jahre darauf die damalige DDR verließ. Mit finanzieller Unterstützung der Bayerischen Hypotheken- und Wechselbank AG wurde die Plastik 1991 für Mageburg in Bronze gegossen.

In der Tonne unter dem Winterrefektorium erwarten den Besucher Holzplastiken aus dem Mittelalter – unter ihnen eine hl. Elisabeth aus dem Umfeld von Veit Stoß.

Die dritte und kleinste Tonne ist wechselnden Ausstellungen vorbehalten.

Besonderes Augenmerk wurde im Klosterkomplex der Türgestaltung geschenkt. So gibt es heute fünf in Bronze ausgeführte Türen – von Heinrich Apel, Wieland Förster, Waldemar Grzimek, Gerhard Marcks und Werner Stötzer.

Hans Scheib, Halberstädter Figur, 1982
1991 in Bronze gegossen und für die Plastiksammlung des Klosters Unser Lieben Frauen erworben mit Unterstützung der Hypo-Bank AG

Heinrich Drake, Liegende, 1930

Entlang aller Wege, die zum Kloster Unser Lieben Frauen führen, wurden im Oktober 1989 Großplastiken renommierter Künstler aufgestellt. Der Eintritt in dieses Museum unter freiem Himmel ist kostenlos.

Sabine Grzimek, Mutter und Kind, 1976

René Graetz, Inborn Power, 1970

Gustav Seitz, Käthe Kollwitz, 1958

2 Hausgalerie

Die Straßen um den Hasselbachplatz herum sind so etwas wie ein lebendes Museum. Sie zeigen, wie Magdeburg zur Zeit des Aufbruchs in das 20. Jahrhundert ausgesehen hat.

Im Treppenaufgang der Liebigstraße 4 überdauerten von sechs einstigen Wandbildern die Stuckrahmen. Sie würden sicherlich noch heute leere Hülle sein, wenn nicht Ende der achtziger Jahre die Künstler Helga und Frank Borisch eine Wohnung in diesem Haus bezogen hätten.

Den Maler reizte es alsbald, jenen toten Flächen – drei zur Rechten, drei zur Linken – mit Farben zu neuem Leben zu verhelfen. Zunächst begab er sich auf Spurensuche, wälzte alte Adreßbücher und bekam heraus, daß eine Familie von Sperling im Jahre 1888

Historische Rahmen präsentieren moderne Gemälde

die Beletage bewohnte. Und eben sie war mit Paul von Hindenburg verwandt. Dieser lebte von 1903 bis 1911 als Kommandierender General des IV. Armeekorps in Magdeburg und hatte Wilhelmine von Sperling geheiratet.

Das Motiv für den ersten Rahmen war gefunden. Frank Borisch gestaltete es zeitadäquat und näherte sich mit den anderen Bildern immer mehr der Gegenwart, wobei Abriß wie Lückenschließung nicht ausgeklammert wurden. Auch eine kinderreiche Familie hat er konterfeit.

Die Hausgalerie ist nicht öffentlich, doch wer sie besuchen möchte, für den liegt ein Haustürschüssel in der Buchhandlung Schulze, Ecke Liebig/Leibnizstraße, bereit.

3 Stadtbibliothek

Die Stadtbibliothek „Wilhelm Weitling" geht mit ihrem Urbestand auf die wertvolle Buchsammlung der Augustinermönche, die seit 1285 in der Innenstadt ansässig waren (siehe Wallonerkirche – Sankt Augustini), zurück. Nach Aufhebung des Augustinerklosters gingen die Bestände am 6. November 1525 in städtischen Besitz über und bildeten den Grundstock der Magdeburger Ratsbibliothek. Da man die Bücher während des Dreißigjährigen Krieges in die Gemäuer des Klosters zurückverlagert hatte, blieben sie von der verheerenden Feuersbrunst am 10. Mai 1631 verschont.

Im Jahre 1705 wurde die an Umfang reicher gewordene Bibliothek in die Stadtbibliothek umfunktioniert. Die Bücher befanden sich fortan im Rathaus und konnten von interessierten Bürgern benutzt werden.

Die Magdeburger Stadtbibliothek, welche zu den ältesten Deutschlands gerechnet wird, zog mehrmals um und gelangte 1934 in das Haus der Freimaurerloge „Ferdinand zur Glückseligkeit". Hier befindet sie sich noch heute und ist mit ihrem Bestand von rund 950 000 Büchern, Zeitschriften, Schall-

Unter Leitung von Matthias Flacius entstehen die „Magdeburger Centurien", jenes universalhistorische Sammelwerk der Kirchengeschichte. Die ab 1552 gedruckte, in Pergament gebundene Ausgabe gehört zu den Schätzen der Stadtbibliothek.

platten und Kassetten eine wahre Schatzkammer.

Im Jahre 1989 wurde der einstige Große Festsaal der Freimaurer restauriert. Seither stehen im Jugendstilsaal der Stadtbibliothek – wie zur Zeit der Logenbrüder – Dichterlesungen, philosophische Debatten und Konzerte auf dem Programm.

Das Entree zum Jugendstilsaal der Stadtbibliothek. In dem einstigen Festsaal der Freimaurerloge „Ferdinand zur Glückseligkeit" erlebte dieses Buch aus dem Verlag „Atelier im Bauernhaus" im Oktober 1991 seine Premiere.

Löwenplastik im Herrenkrug-Park

4 Herrenkrug

Der „Herrenkrug" ist nach dem „Vogelgesang" der zweitälteste Park der Stadt. In den Jahren 1818–23 entstand er in nahezu barocker Manier. Sechs Jahre später lud der sich um Magdeburgs Parkanlagen verdient gemachte Oberbürgermeister Francke, den Gartenarchitekten Peter Joseph Lenné ein. Dieser sollte beratend eingreifen, doch gelangte die Ausführung der Lennéschen Idee nicht über die Anfangsphase hinaus.

Das Aussehen des Herrenkrugs prägten von 1863 bis 1890 Paul Niemeyer und von 1905 bis 1926 Wilhelm Lincke. Letzterer gestaltete Teile der Elbwiesenlandschaft um, und fügte so den „Wiesenpark" hinzu.

Heute beginnt ein Spaziergang meist am Rondell, führt am 1884/85 erbauten Gaststättenkomplex vorüber und mündet in die von fünfundsiebzig Laub- und acht Nadelgehölzarten umsäumten Alleen und Wege ein. Seltene Bäume lassen sich finden: Gelbholz, Edelkastanie, Tulpen- wie Zürgelbaum und eine Züchtung aus der Herrenkrugbaumschule – der Zierapfel „malus magdeburgensis".

Zahlreiche Plastiken verleihen dem Herrenkrug zusätzlichen Charme. Eine besonders beliebte stellt der gußeiserne Löwe dar, welcher zu Ehren des Oberbürgermeisters Francke im Jahre 1845 gegossen worden ist. Es gibt in Magdeburg kaum ein Kind, welches nicht auf ihm geritten ist.

Ein Ritt ganz anderer Art steht auf den Rennwiesen im Herrenkrug hoch im Ansehen. Schon vor gut 150 Jahren gab es hier Galopprennen. Und, seit am 11. Mai 1906 der Magdeburger Rennverein ins Leben gerufen worden war, erwachte das Interesse an der elbnahen Rennbahn in höchsten Regierungskreisen. So stiftete drei Jahre später Kronprinz Wilhelm den begehrten „Kronprinzenpreis". Alljährlich im August – bis 1913 – wurde dieses Hindernisrennen unter seiner Schirmherrschaft gelaufen. Es war das größte Herrenreiten der Welt.

Renntage im Herrenkrug – sie gehören zu Magdeburg, wie das Wasser zur Elbe.

Das wiederbelebte Herrenkrugrestaurant

5 Schiffshebewerk

Um in Deutschland vom Rhein per Schiff „querfeldein“ bis an die Oder gelangen zu können, wurde im Jahre 1905 mit einem der großen Kanalprojekte europäischer Ingenieurkunst begonnen – dem MITTELLANDKANAL.

Nimmt dieser bei Bergeshövede am Dortmund-Ems-Kanal seinen Anfang, so endet er nach 362 Kilometern bei Magdeburg unmittelbar vor der Elbe – genauer betrachtet: sechzehn

Meter über der Elbe. Um diesen Höhenunterschied überwinden zu können, wurde in Magdeburg-Rothensee ein Schiffshebewerk errichtet. Das bedeutete: Zunächst mußten 225 000 Kubikmeter Erde ausgehoben, 55 000 Kubikmeter Beton und 10 000 Tonnen Stahl verarbeitet werden. Das Kernstück der gut 100 Meter langen und 30 Meter hoch aufragenden Konstruktion ist eine Wanne, die mit 2400 Kubikmeter Wasser angefüllt ist. Dieser „Fahrstuhlkorb" ist 85 Meter lang, 12 Meter breit und hat eine Wassertiefe von 2,5 m. Zwei bis drei Schiffe finden in ihm Platz. Die Schleusungszeit beträgt 20 Minuten. 2000 Schiffe pro Monat passieren das Rothenseer Schiffshebewerk.

Seit 1938 steht Mageburg damit im Zeichen der Wasser-Rose, denn von hier aus kann man nach Frankreich, Polen, Böhmen oder zur Nordsee gelangen.

Blick in den Schiffsfahrstuhl

6 Gruson-Gewächshäuser

In unmittelbarer Nachbarschaft zum Kloster-Berge-Garten, diesem von Lenné angelegten Volkspark, stehen die Gruson-Gewächshäuser.

Mit Akribie hatte Hermann Gruson, Besitzer der Buckauer Eisengießerei und Maschinenfabrik wie Erfinder des Eisenhartgusses, zeit seines Lebens tropische wie subtropische Pflanzen gesammelt. Für zwei Jahre hatte er seinen Gärtner nach Mittelamerika und Mexiko geschickt, damit dieser dort insbesondere Kakteen sammeln möge. So wuchs Grusons Kakteensammlung zu einer der größten

Palmen unter gläsernem Himmel

Pflanze, deren Blätter eine Last bis zu 65 Kilogramm tragen können. Einzigartig ist auch ihre Blüte, die weiß erstrahlt und schon am dritten Tag rot ins Wasser fällt.

Exotische Vögel und Zierfische verleihen den Gewächshäusern zusätzliche Farbtupfer.

Das Wunder des Amazonas – die Blätter vermögen eine Last bis zu fünfundsechzig Kilogramm zu tragen.

Europas heran. Auch die nur eine Nacht blühende „Königin der Nacht" gehört dazu.

Im Jahre 1895, nachdem Hermann Gruson verstorben war, machte dessen Sohn die reichhaltige Pflanzenkollektion der Stadt zum Geschenk.

Heute kann der Besucher rund 3000 Pflanzenarten aus verschiedenen Vegetationszonen der Erde betrachten. Sei es im Wintergarten, großen wie kleinen Tropenhaus, im Farn-, Palmen-, Orchideen- oder Mittelmeerhaus, die Vielfalt der Farben und Formen bezaubern.

Eigens ein Haus für sich hat die „Victoria amazonica" – das Wunder des Amazonas. Aus ihrem erbsengroßen Samen erwächst bis zum Sommer eine

Kakteensammlung – eine der größten Europas.

Elefanten – die Lieblinge der Elbestädter

7 Zoologischer Garten

Im „Vogelgesang“, der ältesten Parkanlage der Stadt – berühmt der herrlichen Rosen- und Dahliengärten wegen – öffnete im Sommer 1950 der Magdeburger Heimattiergarten seine Pforten. Über 300 heimische Tiere hatten hier ihr neues Domizil gefunden.

Zum Uhu gesellten sich indes alsbald Papagei, Pelikan und Flamingo; zum Fuchs Braunbär, Tiger und Löwe. Und als der Luchs zum Wappentier avancierte, war aus dem Heimattiergarten – man schrieb das Jahr 1959 – der Zoologische Garten geworden.

Über 1000 Tiere erfreuen die Besucher. Das Dickhäuterhaus mit seiner Außenanlage beherbergt neben Elefanten aus Afrika und Asien auch Flußpferde und die vom Aussterben bedrohten Spitzmaulnashörner. Seltene Krallenaffenarten – unter ihnen das Zwergseidenäffchen, welches als das kleinste Äffchen der Welt gilt – sind im Zoologischen Garten Magdeburgs ebenso zu Haus wie Kamel, Zebra und Antilope.

Grazile Flamingos – nicht am Äquator.

Über 1000 Tiere insgesamt erfreuen die Besucher

Richard Oelze, Selbstbildnis vor Landschaft

8 Richard Oelze

Richard Oelze wurde am 29. Juni 1900 in Magdeburg geboren. Nichts erinnert in seiner Heimatstadt an den einzigen richtigen surrealistischen Maler, wie ihn der Dichter Paul Eluard bezeichnete. Zwar haben einige Häuser in der Ankerstraße überlebt, aber nicht das Haus Numero 4, wo seine Wiege stand. Aufgewachsen ist Richard Oelze in der benachbarten Abendstraße, wohin die Familie 1909 zog.

Richard Oelze, an der Kunst- und Gewerbeschule Magdeburgs und dem BAUHAUS ausgebildet, konnte noch vor dem 2. Weltkrieg mit sensationellen Erfolgen aufwarten. Seit man 1935/36 sein Gemälde „Erwartung" in der „Exposition International du Surréalisme" in Paris der Öffentlichkeit präsentierte, galt dieses als Markstein der Malerei unseres Jahrhunderts. Es wurde mit Edward Munchs Meisterwerk „Angst" verglichen. Nur ist die Stimmung in beiden Werken eine entgegengesetzte. Bricht bei Munchs Gemälde der Schrecken aus den Gesichtern, so ist es bei Oelze die Stille, welche eine bedrückende Furcht aufkommen läßt.

Richard Oelze, der eine magische Gradwanderung zwischen Realismus und Surrealismus unternahm, ging es nie darum, die Oberfläche wiederzugeben. Er malte Seen, Wolken, Wälder, Berge, Grotten, einzelne Bäume – sie sind stets mehr als nur das. Der Künstler bezeichnete seine Arbeiten als innere Landschaften. Die Stimmung, welche über den Dingen liegt, wollte er einfangen. „Still wie ein Gedanke", „Vergangenheit, die noch immer atmet", „Poesie der Sinne", „Begräbnis eines Schmetterlings" sind Titel seiner Werke. Sie lassen anklingen, um welchen Kristallisationspunkt sich die Gedanken des Malerphilosophen bewegten.

Richard Oelze hat Magdeburg in den zwanziger Jahren verlassen. Weitere Stationen seines schattenreichen Lebensweges waren Berlin, Hamburg, Weimar, Dessau, Dresden, der Monte Verita, Paris, Positano, Worpswede und Posteholz, wo er am 27. Mai 1980 verstarb.

Richard Oelze, Worpsweder Landschaft.
Beide Gemälde befinden sich in der Worpsweder Kunsthalle, Fritz Netzel.

Richard Oelze wuchs gemeinsam mit zwei Brüdern in der Abendstraße auf. Zeit seines Lebens war er ein Langschläfer, was die Freunde veranlaßte, ihn als Abendmenschen zu bezeichnen. Fast könnte man annehmen, daß diesbezüglich eben jene Straße Einfluß auf ihn ausgeübt hat.

In der Ankerstraße erinnert nur noch der „Giebelschatten“ an das Geburtshaus des berühmten surrealistischen Malers.

Abbildungsnachweis:

Torsten Krüger:
1, 2/3, 8/9, 10/11, 12/13, 14/15, 16/17, 32, 54 o., 54 u., 55 u., 60/61, 62 o., 62 u., 63 o., 63 u., 64/65, 71 u., 71 m., 71 u., 72 o., 72 m., 78/79, 80, 80, 81 o., 82, 83, 84 a, 84 b, 86, 87 a, 88 o., 90, 90/91, 91, 92 a, 92 b, 93, 94/95, 96 a, 96 b, 97 a, 97 b, 98, 99, 100 a, 103 o., 103 u., 104/105, 106 o., 106 m., 106 u., 107 a – e, 110, 111, 112, 113, 114/115, 115, 116, 117, 118/119, 120 u., 120 o., 120 u., 121, 122/123, 122, 123 u., 123 m., 123 u., 124/125, 127 u., 128, 129 o., 129 u., 130/131, 132, 134, 135, 136 a, 136 b, 136 c, 137, 138, 139, 142, 143, 142, 144, 144/45, 146/47, 146, 147, 148, 149.

Rüdiger Lubricht:
6/7, 22 u., 23 o., 23 u., 24/25, 27, 29, 33 a, 33 b, 35, 36 o., 36 u., 37 o., 37 u., 38, 39 a, 39 b, 40/41, 42 o., 42 u., 43 a, 43 b, 44 o., 44 m., 44 u., 46 o., 46 m., 46 u., 47 o., 47 u., 48 u., 49 o., 49 u., 50 u., 50/51, 52, 52 m., 53 o., 53 u., 55 o., 56/57, 57, 58, 59 o., 59 u., 63 m., 66 o., 66 m., 66 u., 67, 69 o., 69 u., 70 o., 70 u., 74, 75 a, 75 b, 75 c, 75 e, 76 a, 77 a, 77 b, 89 a, 104, 127 o., 140, 140/41.

Hans-Joachim Krenzke:
20, 22 m., 31 o., 31 m., 50 o., 52 u., 85 b, 87 b, 92, 100/101, 120 a, 126, 151.

Wolf-Dietmar Stock:
160.

Ullstein-Bilderdienst, Berlin:
28 b, 62.

Archiv für Kunst und Geschichte, Berlin:
27, 28 a, 28 c.

Staatsarchiv Wolffenbüttel:
21 o.r.

Kunsthistorisches Museum, Wien:
20.

Klaus G. Beyer, Weimar:
48.

Notizen

Adressen

Fremdenverkehrsbüro

– magdeburg information –
Alter Markt 9
Postfach 266
O-3010 Magdeburg
Telefon: 00 37-91-3 16 67
Öffnungszeiten: Mo bis Fr 10 bis 18 Uhr, Sa 10 bis 13 Uhr

Hotels

„International"
Otto-von-Guericke-Straße 87,
O-3010 Magdeburg, Telefon 38 40

„Zur Ratswaage"
Ratswaageplatz 1–4,
O-3010 Magdeburg, Telefon 5 83 71

„Grüner Baum"
Wilhelm-Pieck-Allee 38–40,
O-3040 Magdeburg, Telefon 3 21 66

„Haus des Handwerks"
Gareisstraße 10, O-3024 Magdeburg,
Telefon 5 14 22

„Goethestraße"
Goethestraße 49, O-3080 Magdeburg,
Telefon 34 47 77

„Congress Center Magdeburg"
Schmidtstraße 27a,
O-3018 Magdeburg, Telefon 24 20

„Jugendtourist"
Leiterstraße 10, O-3010 Magdeburg,
Telefon 3 38 81

„Hotel der Bauarbeiter"
Erzbergerstraße, O-3010 Mageburg,
Telefon 5 11 91

„Uni-Hotel Magdeburg"
Walter-Rathenau-Straße 6,
O-3024 Magdeburg, Telefon 5 11 44

Motel „Barleber See"
Am Schiffshebewerk,
O-3211 Wolmirstedt, Telefon 446

Privatzimmervermittlung

„magdeburg information"
Alter Markt 9
Postfach 35 29
O-3010 Magdeburg
Telefon 3 53 52

Museen

Kloster Unser Lieben Frauen
Regierungsstraße 4/6,
O-3010 Magdeburg, Telefon 3 37 41
Öffnungszeiten: Di–So 10 bis 18 Uhr

Lukasklause
Georgi-Dimitroff-Allee 1,
O-3040 Magdeburg,
Telefon 5 13 97
Öffnungszeiten: Di–So 10 bis 18 Uhr

Kulturhistorisches Museum
Otto-von-Guericke-Straße 68–73,
O-3010 Magdeburg, Telefon 3 26 45
Öffnungszeiten: Di–So 10 bis 18 Uhr

Literaturmuseum
Thiemstraße 7, O-3011 Magdeburg,
Telefon 4 49 95
Öffnungszeiten: Mo–Fr 9 bis 12 und 13 bis 17 Uhr

Museumsschiff „Württemberg"
Heinrich-Heine-Platz im Kulturpark Rotehorn, O-3029 Magdeburg,
Telefon 3 01 26
Öffnungszeiten: Di–So 12 bis 19 Uhr

Astronomisches Zentrum
Pablo-Picasso-Straße 20,
O-3041 Magdeburg,
Telefon 22 24 21
Bis Ablauf der Sommerzeit nur Vorträge, keine öffentlichen Beobachtungen

Zentrum für Telemann-Pflege und -Forschung
Liebig-Straße 10, O-3010 Magdeburg,
Telefon 3 02 90
Öffnungszeiten: Mo–Fr 10–15 Uhr oder nach telefonischer Vereinbarung.

Theater – Konzerte – Kabarett

„Maxim Gorki Theater"
Universitätsplatz 13,
O-3010 Magdeburg, Telefon 5 18 35
Spielstätten:
– Kuppeltheater
– Vorbühne
– Podiumbühne
– Rangfoyer
Theaterkasse: Mo, Di, Do, Fr 10 bis 12 und 14 bis 16 Uhr sowie Abendkasse

Freie Kammerspiele
Otto-von-Guericke-Straße 64,
O-3010 Magdeburg, Telefon 3 08 93
Theaterkasse: Di–Fr 16 bis 18 Uhr, Sa 10 bis 12 Uhr sowie eine Stunde vor Vorstellungsbeginn

Städtisches Puppentheater
Warschauer Straße 25,
O-3011 Magdeburg, Telefon 4 24 29
Theaterkasse: Mo, Di, Do, Fr 10 bis 12 und 14 bis 16 Uhr sowie eine Stunde vor Vorstellungsbeginn

Konzerthalle „Georg Philipp Telemann"
im Kloster Unser Lieben Frauen,
Regierungsstraße 4/6,
O-3010 Magdeburg, Telefon 3 37 41
Konzertkasse: Mo, Mi, Do, Fr
10 bis 12.30 und 15 bis 17 Uhr,
Di 10 bis 12.30 und 15–18 Uhr
Vorverkaufskasse: Sa 11 bis 12.30 Uhr sowie eine Stunde vor Konzertbeginn

Kabarett „Die Kugelblitze"
Breiter Weg 200, O-3010 Magdeburg,
Telefon 3 39 56
Kasse: Mo–Sa 13 bis 16 und 17 bis 19.30 Uhr

Kirchen

Dom
Domküsterei Remtergang 2,
O-3010 Magdeburg, Telefon 3 24 14
Öffnungszeiten: Mo–Sa 10 bis 12 und 14 bis 16 Uhr, Sommermonate bis 17 Uhr
So und an kirchlichen Feiertagen 14 bis 16 Uhr
Öffentliche Führungen: Mo–Sa jeweils 10 und 14 Uhr, So nach dem Gottesdienst ca. 11.30 Uhr
Führungsdauer: 1 Stunde

Sankt Sebastian
Propsteipfarramt Sankt Sebastian,
M.-J.-Metzger-Straße 1a,
O-3010 Magdeburg,
Telefon 3 08 31
Öffnungszeiten: Mo–Sa 7 bis 18 Uhr,
Do 7 bis 19 Uhr

Sankt Johannis
Jakobstraße/Johannisbergstraße
Öffnungszeiten: Mi–So 10 bis 17 Uhr
Turmbesteigung möglich

Sankt Magdalenenkapelle
unterhalb der Petrikirche
Öffnungszeiten: täglich 10 bis 19 Uhr

Sankt Petri
Neustädter Straße 1a,
O-3040 Magdeburg, Telefon 5 16 51
Öffnungszeiten: täglich 9 Uhr bis Einbruch der Dunkelheit,
Sa 14 Uhr Führung

Walloner Kirche
Neustädter Straße 6,
O-3040 Magdeburg,
Telefon 5 39 96
Besuch nach telefonischer Absprache
Bürozeiten: Di 9–12/15–18, Do 15–17,
Fr 9–12 Uhr

Zoologischer Garten
Am Vogelgesang 12,
O-3017 Magdeburg,
Telefon 27 82 19
Öffnungszeiten: täglich Mai bis September 8 bis 19 Uhr, Oktober bis April 8 Uhr bis zum Einbruch der Dunkelheit

Gruson-Gewächshäuser
Straße der DSF 129b,
O-3011 Magdeburg, Telefon 4 29 10
Öffnungszeiten: Sommer Di–So 9 bis 16 Uhr, Winter Di–So 9 bis 17 Uhr

Bibliotheken
Stadtbibliothek „Wilhelm Weitling"
Weitling Straße 1a, O-3040 Magdeburg,
Telefon 5 15 31
Öffnungszeiten: Mo, Mi, Fr 13 bis 19, Di, Do 10 bis 19, Sa 13 bis 18 Uhr
Weitere Bibliotheken:
Mitte, Wilhelm-Raabe-Straße 8,
Telefon 3 25 89
Nord, Sieverstorstraße 3,
Telefon 5 15 80
Süd, Halberstädter Straße 113,
Telefon 34 40 11
Südost, Reform, Haus der Dienste,
Telefon 61 31 51

Galerien

Galerie im Kloster
Kloster Unser Lieben Frauen,
Ina Stephan,
Regierungsstraße 4–6,
O-3010 Magdeburg,
Telefon 34 48 00; Geöffnet:
Dienstag bis Sonntag 11–18 Uhr

Galerie „Grünes Ei"
Schmuckatelier für Unikate,
Egon & Mariano Sellin
Rottersdorfer Straße 7,
O-3014 Magdeburg,
Telefon 4 40 70; Geöffnet:
Montag bis Freitag 10–18 Uhr,
Sonnabend 10–14 Uhr

Poster Galerie etage
Ines Wetzel,
Lemsdorfer Weg 12,
O-3014 Magdeburg,
Telefon 4 28 93; Geöffnet:
Montag 15–18 Uhr, Dienstag bis Freitag 10–13 und 15–18 Uhr,
Sonnabend 9–12 Uhr

Medizinische Einrichtungen

Krankenhäuser

Medizinische Akademie
Gustav-Ricker-Krankenhaus
Leipziger Straße 44, Telefon 670
Kinderklinik
Halberstädter Straße 13,
Telefon 67 72 56
Landesfrauenklinik
Gerhart-Hauptmann-Straße,
Telefon 3 02 32

Krankenhaus Altstadt
Max-Otten-Straße 11–15, Telefon 56 50

Klinik Sankt Marienstift
Harsdorfer Straße 30/Neustädter Bierweg 3–11, Telefon 38 90

Pfeiffersche Stiftungen
Pfeifferstraße 10, Telefon 3 39 61

Klinik des Westens
Berta-von-Suttner-Straße 5–7,
Telefon 3 32 16

Walter-Friedrich-Krankenhaus/Olvenstedt
Birkenallee 34, Telefon 79 10

Apotheken

Rats-Apotheke
Wilhelm-Pieck-Allee 33,
Telefon 3 03 71

Stern-Apotheke
Breiter Weg 251a, Telefon 34 41 45

Notrufe

Polizei-Notruf	110
Revier Mitte	3 15 98
Feuerwehr	112
Rettungsdienst	115
Schnelle Med. Hilfe	5 20 73
Krankentransport	3 53 59
Telefon des Vertrauens	3 38 78
Kinder- und Jugendnotdienst	34 43 86
Reifenservice	22 30 40
Pannendienst	3 52 42
Schlüsselnotdienst	39 24 88
Taxi	34 44 44

Buchhandlungen

Magdeburger Antiquariat
Buch- und Graphikhandlung, Inhaber Reinhard Selz
Leibnizstraße 21, O-3010 Magdeburg, Telefon 3 29 02
Öffnungszeiten: Montag bis Freitag 9–13 und 14–18 Uhr

Evangelische Buchhandlung
Ernst Holtermann
Breiter Weg 212a, O-3010 Magdeburg, Telefon 34 48 09
Öffnungszeiten: Montag bis Freitag 8.30 bis 18 Uhr, Sonnabend 9 bis 13 Uhr

Buchhandlung Fritz Wahle
Breiter Weg 180, Eingang Himmelreichstraße 2, Postfach 12 64, O-3010 Magdeburg, Telefon 3 57 40

Weinert Buchhandlung
Wilhelm-Pieck-Allee 23–27, O-3010 Magdeburg, Telefon 3 08 64 / 3 08 65 / 3 08 66
Öffnungszeiten: Montag bis Mittwoch 9–18 Uhr, Donnerstag 9–20 Uhr, Freitag 9–18 Uhr, Sonnabend 9–13 Uhr

Riedel-Wehner-Krüger OHG
Buchhandlung „Lesefieber"
Breiter Weg 22, O-3040 Magdeburg, Telefon 34 48 33
Öffnungszeiten: Montag bis Mittwoch 9.30–18.30 Uhr, Donnerstag 9.30–20.00 Uhr, Freitag 9.30–18.30 Uhr, Sonnabend 9.30 – 14.00 Uhr

Buchhandlung Wort und Werk
Otto-von-Guericke-Straße 55a, O-3010 Magdeburg, Telefon 3 06 77 / 3 13 24
Öffnungszeiten: Montag bis Freitag 9–18 Uhr, Sonnabend 9–13 Uhr

Buchhandlung Rawolle
Leipziger Straße 45d, O-3090 Magdeburg, Telefon 61 60 30
Öffnungszeiten: Montag bis Freitag 9–18 Uhr

Hennies und Zinkeisen GmbH
Buchhandlung und Antiquariat
Halberstädter Straße 112, O-3014 Magdeburg, Telefon 4 20 92
Öffnungszeiten: Montag bis Freitag 9–18 Uhr, Samstag 9–13 Uhr

Immermann Buchhandlung
Inhaberin Regina Josopeit
Große-Diesdorfer-Straße 226, O-3060 Magdeburg, Telefon 3 28 63
Öffnungszeiten: Montag bis Freitag 9–13 und 14–18 Uhr

Goethe Buchhandlung
Magdeburg GmbH/vorm. „Der Bücherfreund"
Frau C. Pelikan, Herr V. Gehrmann
Hasselbachplatz 2, Postfach 13 26
O-3010 Magdeburg, Telefon 3 22 95–97
Montag bis Freitag 9 bis 18 Uhr
Samstag 9–12 Uhr

Inhaltsverzeichnis

Regina Krenzke und Hans-Joachim Krenzke anläßlich der Magdeburger Stadtführung des Verlegers im März 1991, bei der die Idee zu diesem Buch geboren wurde.

Impressum

W-2802 Fischerhude
Buchgestaltung: Wolf-Dietmar Stock
Satz: Simmering, Lilienthal
Farblithos: Niemann, Oldenburg
Druck: Zertani, Bremen
ISBN 3-88132-190-X

Der Textautor **Hans-Joachim Krenzke** wurde am 9. Oktober 1946 in Magdeburg geboren.
Aufgewachsen in den Bundesländern Brandenburg, Thüringen, Mecklenburg-Vorpommern und Sachsen. Seßhaft geworden in Sachsen-Anhalt. Wohnt in Magdeburg als freier Kultur-Journalist.
Ist ständig auf literarischer Spurensuche. Teilt die Ergebnisse seiner Litera-Tour in Zeitschriften und Magazinen mit. Bearbeitet ebenso kunsthistorische Themen.

Der Fotograf **Torsten Krüger.** Geb. 1965 in Celle. Lebt seit vielen Jahren in Bremen und widmet sich seit 1981 der Fotografie. 1984 Ausstellung in der Landesbildstelle Bremen, seither viele Veröffentlichungen in Fotofachzeitschriften, Büchern, Kalendern und Fotopostkarten. Am meisten faszinieren ihn Farbaufnahmen zwischen Tag und Nacht, wenn vom Licht her extreme Grenzsituationen gegeben sind.

Der in Worpswede lebende Fotograf **Rüdiger Lubricht,** geb. 1947 in Bremen, machte sich als „Kunstfotograf“ einen Namen. Er veröffentlichte mehrere Kalender und Kataloge, zuletzt von dem namhaften Bildhauer Waldemar Otto.

Magdeburg
Münchenhofstr.
Lorenz-
Kaiser
Walther-Rat
Altstadt
Albert-Vater Str.
Ebendorfer Str.
Stormstr.
Freiherr-v.-Stein-Str.
Olvenstedter Platz
Olvenstedter Str.
Immermann
Rosegger
Virchow
Erzberger
Freiligrath
Editharing
Goethestr.
Hauptmann Str.
Maxim Gorki Str.
Damaschkeplatz
Julius-Bremer-
Brandenburger Str.
Kölner Platz
Hauptbahnhof
Post
Annastr.
Adelheidring
Arndt
Westring
Gernhart-
Magdeburger Str.
Guericke
Pieck
Kabarett
Leiterstr.
Hauptpost
Breiter Weg
DOMPLATZ
Am Dom
Danz
Otto-von-
Musikschule
Bahnhofstr.
Kepler Str.
Breiter Weg
K. Liebknechtstr.
Schlachthofstr.
Maybach-
Bf.
Am Sudenb. Tor
Hasselbachplatz
Straße d. Jugend
Hegelstr.
Schleinstr.
Hubbrücke
Ring
Süd-ring
Hallische
Carl-Miller Str.
Leipziger Str.
Halberstädter
Lenné Str.
Acker-str.
Am Fuchsberg
E.-Weinert-Str.
Jahnring
Städt. Gewächsh.
Am Wiener Str.
Lemsdorfer Weg
Raiffeisen-str.
Buckau
Warschauer Str.
Semmelweis
Fermersleber Straße